# Sentimientos profundos

**Amor y reflexión a nuestras vidas**

Marlon Flores

Reservados todos los derechos. No se permite la reproducción total o parcial de esta obra, ni su incorporación a un sistema informático, ni su transmisión en cualquier forma o por cualquier medio (electrónico, mecánico, fotocopia, grabación u otros) sin autorización previa y por escrito de los titulares del copyright. La infracción de dichos derechos puede constituir un delito contra la propiedad intelectual.

El contenido de esta obra es responsabilidad del autor y no refleja necesariamente las opiniones de la casa editora. Todos los textos fueron proporcionados por el autor, quien es el único responsable sobre los derechos de los mismos.

Publicado por Ibukku
**www.ibukku.com**
Diseño y maquetación: Índigo Estudio Gráfico
Copyright © 2020 Marlon Flores
ISBN Paperback: 978-1-64086-714-7
ISBN eBook: 978-1-64086-715-4

# Índice

| | |
|---|---|
| 1- EXCUSA | 7 |
| 2- INVITACIÓN | 8 |
| 3- RUTINAS | 9 |
| 4- UNA MENTIRA | 10 |
| 5- POTRO DESBOCADO | 11 |
| 6- MI LUZ Y TU LUZ | 12 |
| 7- ENCRUCIJADA | 13 |
| 8- AMOR UNICORNIO | 14 |
| 9- LA FE | 15 |
| 10- LIBERTAD Y REGRESO | 16 |
| 11- HUMILDAD Y ESFUERZO | 17 |
| 12- LA MIRADA DE LA MONTAÑA | 18 |
| 13- AMOR DE VACACIONES | 19 |
| 14- HAMBRE Y EXTINCIÓN DE PAZ | 20 |
| 15- OLVIDO Y COMPRENSIÓN | 21 |
| 16- MANZANA PROHIBIDA | 22 |
| 17- UNA VIDA SIN MAÑANA | 23 |
| 18- EXTRAÑA ENFERMEDAD | 24 |
| 19- CLARO MANANTIAL | 25 |
| 20- MI VECINO | 26 |
| 21- ¿DÓNDE ESTÁS ESPOSA MÍA? | 27 |
| 22- MI COMPAÑERA DE ESCUELA | 28 |
| 23- CULTURAS Y AMOR | 29 |
| 24- CRISTAL FALSO | 30 |
| 25- MI DESTINO EN TU CAMINO | 31 |
| 26- MORIR SIN PRISA | 32 |
| 27- CON SOLO UN BOTÓN | 33 |
| 28- PRECAUCIÓN AL AMAR | 34 |
| 29- GPS DE AMOR | 35 |
| 30- DESHOJADA | 36 |
| 31- ARENA, AGUA Y SAL | 37 |
| 32- NEREIDA | 38 |

| | |
|---|---:|
| 33- LO INSÓLITO | 39 |
| 34- ALEGRÍAS EMBARCADAS | 40 |
| 35- AMOR DE MEZCAL | 41 |
| 36- CIRUJANO DE TU CORAZÓN. | 42 |
| 37- HOGAR DESECHABLE | 43 |
| 38- PALABRAS VACÍAS | 44 |
| 39- ADICTIVA | 45 |
| 40- TIEMPO PARA AMAR | 46 |
| 41- LUZ Y COLOR | 47 |
| 42- FARSA | 48 |
| 43- BESOS Y COMPRENSIÓN | 49 |
| 44- COLORES Y VIDA. | 50 |
| 45- A ROCÍO | 51 |
| 46- DÍA DE LA MUJER | 52 |
| 47- ANTÍPODA | 53 |
| 48- AMOR DESVANECIDO | 54 |
| 49- LO VIVIDO | 55 |
| 50- AMOR, DE NORTE A SUR | 56 |
| 51- MATRIMONIO VACÍO | 57 |
| 52- PLACER, SIN REDES SOCIALES | 58 |
| 53- LOBO HERIDO | 59 |
| 54- AMOR PROHIBIDO | 60 |
| 55- MESSENGER | 61 |
| 56- MI LUZ, MI DAMA | 62 |
| 57- CARTA A MI ESPOSA | 63 |
| 58- EL ROCE DE MIS PENSAMIENTOS | 64 |
| 59- HERIDA Y PERDÓN | 65 |
| 60- A SARAÍ | 66 |
| 61- PASIÓN | 67 |
| 62- LA PLAYA Y MIS RECUERDOS | 68 |
| 63- TORMENTA ROJA | 69 |
| 64- PACIENCIA Y AMOR | 70 |
| 65 - CÁNCER CRUEL. | 71 |
| 66- VIAJE A LA FELICIDAD | 72 |
| 67- LO VERDADERO | 73 |

| | |
|---|---|
| 68- FOTOGRAFÍA | 74 |
| 69- SOLDADO | 75 |
| 70- EL DÍA DE LOS ENAMORADOS | 76 |
| 71- TREGUA | 77 |
| 72- LOS OJOS DEL CAMPO | 78 |
| 73- BESOS | 79 |
| 74- ESTADO DE COMA | 80 |
| 75- APRENDIZAJE | 81 |
| 76- ESCRITORIOS Y MOLINOS | 82 |
| 77- CAFEÍNA Y RECUERDOS… | 83 |
| 78- QUIZÁ | 84 |
| 79- AVISO AL CORAZÓN | 85 |
| 80- ACEITE Y AGUA | 86 |
| 81- GRADUACIÓN | 87 |
| 82- MI AMOR PLATÓNICO | 88 |
| 83- DEPRESIÓN | 89 |
| 84- JULITO Y MARÍA | 90 |
| 85- A NIVEL DE GALAXIAS | 91 |
| 86- APAGÓN Y LUZ DE UN CORAZÓN | 92 |
| 87- EL TIEMPO | 93 |
| 88- SOLEDAD AMIGA | 94 |
| 89- ALCOHOLISMO… | 95 |
| 90- ORQUÍDEA O FLORIPONDIO. | 96 |
| 91- LO OCULTO | 97 |
| 92- DE VERDE MI ACTITUD | 98 |
| 93- CORAZÓN ESCLAVO | 99 |
| 94- PEREGRINA EN MIS SUEÑOS | 100 |
| 95- LA LUZ ME LLAMA | 101 |
| 96- MUJER DE HIELO | 102 |
| 97- ANITA | 103 |
| 98- LA EXTENSIÓN DE TUS PALABRAS | 104 |
| 99- MI VISIÓN | 105 |
| 100- EL MAÑANA GRIS | 106 |
| 101- NUBES PASAJERAS | 107 |
| 102- ARREPENTIMIENTO | 108 |

| | |
|---|---|
| 103- EL ABUELO | 109 |
| 104- POESÍA | 110 |
| 105- MAREMOTO DE AMOR | 111 |
| 106- AMOR GALÁCTICO | 112 |
| 107- LA MENTIRA | 113 |
| 108- HALCÓN | 114 |
| 109- CORAZÓN AZUL | 115 |
| 110- MEMORIA FRÍA | 116 |
| 111- OBSIDIANA | 117 |
| 112- A TI, MUJER | 118 |
| 113- TU RAZÓN | 119 |
| 114- TU AMOR, MI MELODÍA | 120 |
| 115- SI VOLVIERAS | 121 |
| 116- MIS PENSAMIENTOS | 122 |
| 117- LOS LAMENTOS DEL BOSQUE | 123 |
| 118- GOTAS DE MIEL A LA AMARGURA | 124 |
| 119- SENTIMIENTOS OCULTOS | 125 |
| 120- MUJER DE CARICIAS MUDAS | 126 |
| 121- CORRECCIÓN | 127 |
| 122- ENGAÑO ADOLESCENTE | 128 |
| 123- AURORAS, EN UNA ETERNIDAD | 129 |
| 124- LO ATERRADOR | 130 |
| 125- ASÍ PIENSAS | 131 |
| 126- TE PIENSO | 132 |
| 127- ABUSADA | 133 |
| 128- BAYAHÍBE | 134 |
| 129- VÍSPERAS DE NAVIDAD SIN TI | 135 |
| 130- PERDÓN A MI MADRE | 136 |
| 131- LA VERDAD Y EL AMOR | 137 |
| 132- MADRE Y PADRE | 138 |
| 133- GOTA DE AMOR | 139 |
| 134- LA EMOCIÓN DE MIS OJOS | 140 |
| 135- MAL INVISIBLE | 141 |
| 136- MI CAMINAR | 142 |

## 1- EXCUSA

Estoy perdido en una excusa, diciendo que me amarro a ti por una relación de padre. La cobardía es la verdad en todo este asunto, me hace girar en el mismo lugar y con la misma mujer, de día mi semblante está lleno de orgullo.

Por la noche el adiestramiento me convierte en servil, nada que disimular, nada por quien llorar, esa es la frase de mi defensa, un ego enfermizo cada día se alimenta de esta historia, discusiones por el día y por las noches una calma amorosa.

Madriguera perdida en la cizaña, piedra mal esculpida, así es mi vida.

Sentirme macho es la condición, el sol no alcanza para esconderse detrás de esa vacía razón, cada día se convierte en un atajo esta relación, cortinas oscuras arreglan la situación, y en la calle siempre recto con mi vista al frente, por si aparece un periodista o la habladora del barrio.

Perdido sin salida, así está mi vida, de bajada y desinflada mi almohada, el orgullo se fue por el techo cuando no quiso violar los derechos.

Sedienta está la causa de la venganza, pero la mitiga la cobardía, pasan los días y la excusa queda desnuda ante la sociedad y las críticas de la gente.

Vendrán los días, los años, y la excusa se hará anciana en nuestros labios, mal hábito, viejo amigo, apártate de mi lado, lo peor es que cada día estoy más enamorado.

## 2- INVITACIÓN

Si ya probaste las mieles a mi lado, te invito a probar las flores, si conmigo viste ocultar el sol, te invito a ver el amanecer. Me encanta ver a tu lado, la luz de una razón sin condición.

## 3- RUTINAS

Amor que se vuelve promesa, promesa que se vuelve cariño, cariño que se convierte en amigos, amigos costumbres, costumbres en rutinas, y rutinas en un adiós. Deja correr el agua en su sentido, recuerda que muchas veces el amor es un nido de pajarillos, dejan su nido para volar a sus propios destinos. No construyas de la vida un sufrimiento, disfruta día a día de sus felices momentos. Recordemos el gran amor que disfrutábamos y lo bien que la pasábamos.

## 4- UNA MENTIRA

En una ola de viento llegó tu falso amor, y en una hora de locura te entregué mi corazón, ahora me arrepiento de todo lo que vivimos en esta ciudad, todo era mentira, una falsedad, pero ahora que vi la realidad, sé que no queda más que marcharme hacia atrás, en un momento llegaste, y como rayo de luz vi partir tu falso amor.

Todo era una mentira, tengo que entenderlo, dijiste un capítulo hoy cierro y te olvidaste de mi pobre amor, nada que esconder nada que llorar, se terminó esto se acabó.

Todo era mentira en esta relación, nada se puede hacer, recordar los días vividos nada más, nada que argumentar, nada porqué llorar, esto se acabó.

Días perdidos, amor vegetal, no fue ni cariño, solamente un capricho, una jugada de tu maldad, perversa la suerte de encontrarte a ti, carta de baraja y apostador sin juicio me convertí.

Ahora me pregunto en qué planeta estaba, nunca me di cuenta de la jugada que preparaba con tu destino y más bien fui partícipe de tu trama y de tu traición, jamás en mi mente pasaba la malicia, todavía mucho peor te ayudé a tu juego.

Me voy lejos de aquí, aunque no niego que si me llamas de nuevo regreso, al parecer me resigno a estar preso, no soy tan original cuando se trata del amor, me aterra ver el frío, y yo imaginando tu cuerpo junto al mío.

## 5- POTRO DESBOCADO

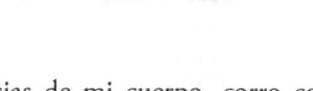

Me provocan las más ardientes ansias de mi cuerpo, corro como potro desbocado a tu lado, revolucionan mis neuronas al acorde de tu cintura con el contraste de tu hermosura, y tu cabello a mitad de espalda, es ver la línea divisoria de tu elegancia, los bordes en tu pecho provocan los vértigos en mi cuerpo, ver el ritmo de tus caderas es como conducir ebrio en las carreteras, mi mente bucea al fondo del océano cuando sueño tus labios gruesos y tus movimientos, como si fueras una hoja de papel volando por el viento.

## 6- MI LUZ Y TU LUZ

Jamás, podría una mente simple parir una hoguera, jamás podría un ser humano ser audaz en los pensamientos sin señales ni luces. A menospreciar me limito, la envidia entorpece al hombre bueno, cáncer que llega por los vientos de boca en boca, poca promesa existe para el contagiado de este mal, maldito el portador del óxido desbastador, mira al cielo y pide por tu vida, mala hierba te convertiste, pide lluvia a las nubes, agua dulce en tu vida. La intriga y la cizaña hacen sus planes para desbastar las cosechas, la plaga en los sembradíos desvanece los frutos, carencia de visibilidad tiene la torpeza.

## 7- ENCRUCIJADA

A veces lloró, a veces grito, a veces nada, y a veces prefiero perderme en tu mirada.

¿A dónde vamos? Adonde estamos, encrucijada cada salida de mi vida, llega el día que quiero la verdad poner en mi boca, después eso ya no me provoca.

Menciones hace un papel, un compromiso o simplemente un mito, mi calma aguarda en días de sus penumbras.

Me embarga la paz, para acogerla a su estilo maquiavélico, trazos preciosos en una aritmética sin ecuaciones ni juicio.

Un carácter enfermizo, y palabras embaucadoras.

Constantes las promesas envueltas en palabras retóricas perdidas, en modo de laberinto sus pláticas

Correr quiero a otros brazos, perderme en la gloria de otro amanecer.

Dormirme en las llamas y despertar en cenizas frescas, sacudirme el polvo para caminar sin ataduras ni arrepentimientos.

## 8- AMOR UNICORNIO

Dónde estará mi amor de papel, dame una señal unicornia ¿dónde estás? Quiero verte al despertar, con mis sueños mucho has jugado ya.

Cuánto dolor embarco este amor.

Envíame aunque sea el corazón envuelto en una canción, dame un lugar en el paraíso tridimensional.

Mi corazón va navegando sin rumbo.

Quizás debió el sonido del viento traerte a este lugar al mismo tiempo de mi despertar, a cara limpia juegas con mi amor.

En cada canción de buena letra, ahí estás unicornia.

Me traga el dolor de este gran amor, cuando despierto y a mi lado está la realidad.

Te quiero ver unicornia, en un agasajo de luz verdadera, en un cañaveral ver deslumbrar tus caderas.

Dame una señal, la señal al despertar en este lugar, mujer de humareda, te pierdes en mis sueños en las veredas de las falsas primaveras.

Perderte a ti sería morir disecado por la vida.

Cómo saber los días con certeza en qué tu apareces, esto hace más grande la intriga de la pasión, los caracoles suenan como señal que no te alejes más de mi vida vacía y seca.

## 9- LA FE

La fe, es comparada con las alas de las aves, según cada ave, el tamaño de las alas crece, el nivel para elevar su vuelo es de acuerdo al tamaño de sus plumajes, fuerza invisible, atrayente desde el interior del corazón, contraste con las fuerzas de algo divino a lo alto del universo.

## 10- LIBERTAD Y REGRESO

Cuando era niño solía llorar por saborear la dulce miel, ya de adolescente deseaba comparar las mieles con el sabor de tu piel, ese tipo de comparación me traía cada día la maravilla de la inspiración, para usar los colores más hermosos y aplicarlos al pincel, y así trazar los arcoíris de cada mañana y en cada atardecer.

Pero un día te perdiste en tanta majestuosidad de colores, donde yo te soñaba en noches de ternuras.

Lo bello y divino causó daño a tus alas, y quisiste volar aquel mundo frío y perverso sin imaginar el deterioro de tus alas flácidas.

El cansancio trajo la reflexión a tu cabeza, recordando lo bello y lo transparente, pero a tu regreso, ya todo un trabajo de arte había sido deteriorado con el paso del tiempo, el soñador y creador de todo aquel arte, su piel se volvió tensa y la fluidez de su mente hasta un poco espesa, las aves cuando más se elevan para observar el mundo, más es el deterioro de sus plumajes, aunque la experiencia sea aún mucho más intensa.

## 11- HUMILDAD Y ESFUERZO

Para observar la contundencias precisas de tus pasos, es necesario mezclar la calma y perseverancia, cúbrete de audacia y humildad, esfuérzate en tus letras como si fueras a devorar una biblioteca, o si entrenas, hazlo como un león, vendrán los días de la exposición y cosecharás los éxitos como una diversión, y aquel que peleare en la arena, saldrá con la mano en alto, pero lo más importante de la astucia, es el ocultarse en la preparación, mantener el silencio de la noche como en el día, las preparaciones son la llave maestra del triunfo, las habladurías son el complejo del mediocre, la palabra es una y debe ser verdadera y pesada como el oro sólido, en ese día verás la gloria a través de la humildad y de lo que te dejó saber en estas letras.

## 12- LA MIRADA DE LA MONTAÑA

Quisiera ver al otro lado de esa montaña azul cubierta de hielo, tal vez al otro lado la luz del sol ablanda su frialdad, sus ojos verdes gotean la actitud de presencia de heridas internas, en las cálidas mañanas se presenta peor, por la tarde sus colinas se ven sumisas a un recuerdo oscuro y torturador, los pajarillos se espantan con el reflejo frío y calculador, pasan las noches y con ellas se van algunos secretos que le cuenta a la luna, los sonidos de sus quebradas se vuelven parodias y charlatanes, mientras de frente se encuentra el que no baja los ojos ante su presencia, sin temer que un día lo arrastre con sus vientos y lo lleve al misterio donde nadie sale de su interior, cuentan los ancianos, cuando eran labradores se veía joven y brillaba como el oro y la plata, pero con el tiempo todo se volvió diferente, hasta obtener la apariencia de misteriosa y fría.

## 13- AMOR DE VACACIONES

He pensado dejar que nuestro amor se vaya de viaje a los campos verdes, donde corten flores de diferentes fragancias y sus colores le den el toque de contraste a la canasta, donde se ha de colectar la felicidad de nuestras vidas, tal vez a su regreso su actitud sea más tolerante y un poco más sabia, nos quedaremos en la espera que a su regreso, traiga los más fuertes lazos enredados entre sus frutos y rosas.

## 14- HAMBRE Y EXTINCIÓN DE PAZ

El amor hoy se ha descolorado mucho por los actores de esta película mundial, la paz a punto de extinción. Soberanías disfrazadas de maestrías.

Políticos con palabras a la par del asbesto, maquillado el discurso de la corbata en cada ocasión.

La integridad se pierde en palabras retóricas de buenos oradores en los micrófonos, seguido de la capacidad para engañar al buen hombre que carece de leer.

Los boletos a la libertad se encuentran en los minerales, y no en el amor de cada nación.

Historias confusas, ni razón ni sentido para los pueblos oprimidos, explicaciones a conveniencia y astucia.

Las clases sociales de vestimenta compleja se visten, una realidad basada en lo material del estado.

El hambre, ya es una pandemia mundial, extendiéndose como el gas en el planeta más lindo del universo.

Las conferencias virtuales de moda, y un grito de hambre y sed en África.

## 15- OLVIDO Y COMPRENSIÓN

Me encanta escuchar tus consejos disfrazados de malicia y cobardía, me encanta descubrirte cada día, cuánta pena causa tu vida en la percepción mía.

Me encanta tu mezcla de envidia con ese toque de ingenuidad e idiotez, para la maldad eres pésima, para lo bueno un poco peor, veneno el oxígeno de tus pulmones para el buen hombre.

Pena causa el ser que no conoce del amanecer, pero más pena causa el de poco reconocer.

Las serpientes son astutas en su forma de caminar, despreciables por su cobardía, prefiero recordarte de una forma bella, y el odio teñirlo de blanco olvido.

El veneno en tus venas, ciegan la claridad de tu vista. La claridad de tu memoria se empañó con el odio acicalado del pasado.

## 16- MANZANA PROHIBIDA

Las manzanas de otra canasta también son sabrosuras, carnes jugosas las de una tierna rosa, regocijo completo en una noche con derecho.

Me place ver lo que has de llevar adentro, y más placiera saborearte y comerte, manzana me tientas como el Adán de estos tiempos.

Incalculable la manera que me sube la presión, y baja cuando veo el vació de mi ilusión.

Me frena el respeto a lo ajeno, me calmo al ver la realidad por delante, castigo el mío, ver y no comer, cantarle y no tocarle.

Déjame aunque sea calentar tu mano, déjame apagar un poco el fuego de mi cuerpo, bájame la pulsación de mi roto corazón.

Mil rosas y una noche solamente pido ¿será que sea tanto mi atormentado deseo?

Me trastornan estos pensamientos, manzana, manzana, no es mi culpa sentir en mi boca la imaginación de tus delicias, sufrimiento del pasado, si apuntare con el dedo no sería más que un cobarde juzgando el pasado de tu sufrimiento, a Dios pido por tu perdón, y al sol que ilumine tu corazón.

## 17- UNA VIDA SIN MAÑANA

El lago se ha deshidratado, ya los peces corren de un lugar a otro, y muchos de ellos saltan de la desesperación.

Buscando otros riachuelos donde predominan las demás especies, algo incierto para sus vidas, la respiración se agota y las aguas se disipan entre políticas y acuerdos.

Brinca la rana, brinca el pez, también brincan las medusas, y el pulpo sereno y de mansa apariencia amigo de lo ajeno, vive feliz con todo lo que pasa.

Los mares lejos para poder llegar y, por si fuera poco, los bichos de los desiertos listos para picar.

No tenemos café ni pan para regalar, así nadie nos puede ayudar, la infancia de Yemen muere de hambre, el agua también se les aleja, a diferencia del blanco bendecido permanece.

Los trigos se gastan dándole vida a las aves asesinas, listas para devorar, alimentando tiburones para atacar por debajo del mar.

Me aterra el pensamiento del niño de lentes gruesos, no se sabe dónde empleará el don que le cayó del cielo. También me asusta la cizaña del injusto frío.

## 18- EXTRAÑA ENFERMEDAD

Siempre vi con piedad a la que siempre venía a decirme cosas, la muñeca del cabello largo y mirada rota, nunca lloraba, pero se le veían quebradas sus fuerzas, muy bien recuerdo sus ojos verdes con claridad mitigada, sin vergüenza ella contaba del masoquismo que ella abrazaba, era su mística pasión, el castigo brindado por alguien que idolatraba, decía que si marcas veía en su espalda a él excitaba, una enfermedad poco común a la pareja arrullaba, nunca protestaba por sus descontroles, recuerdo la belleza deslumbrante de sus reflejos, era tan hermosa como un sueño.

Pero era algo ya de otro mundo, un mundo casi de otro universo, en ocasiones se deslizaban más secretos, pero eran cuentos fuera de contexto, hablaba muchas veces de rastros de líneas blancas en sus narices, tragos ardientes en la presentación de los hechos, todo aquello y mucho más me ponían perplejo, cada día de cuentos eran más noches de violencias, nada era extraño para ella, pero algo la delataba en su semblante que aquel era un mundo cruel y sin regreso, más bien se podía percibir claramente que se sentía en un limbo sin salida, inédita era la información a su familia, pues ellos eran de una clase social acertada, transcurrió el tiempo y todo seguía igual, tal vez hasta un poco peor, de pronto un día desapareció del lugar que ella transitaba, y del abusador y de ella nunca se volvió a saber nada.

## 19- CLARO MANANTIAL

A mi vida ha llegado un claro manantial, me frisa, me da la sonrisa, y por la vida ya voy sin prisa, me baño en sus cálidos arroyos, me refresca en los días de calores, mi mente activa lo fresco de sus reflejos.

Cada día me veo en ti como en un espejo, llegaste en el momento justo, donde el calor se pronunciaba más sofocante, en ti mojo mis labios secos, he aprendido a vivir de tu frescura, depender de los abrazos que me das con ancha ternura.

Al fondo de tu bondad, veo la luna iluminando el valor de tu fortuna.

## 20- MI VECINO

Mi vecino es curioso, hasta un poco chismoso, y aún así lo quiero por ser chistoso, abre su ventana con segundo sentido, la construyó grande y hermosa, sus ojos no conocen el disimulo, su mujer, su fiel ayudante, corre las cortinas de noche y de día, aún así quiero a mi vecino, con ignorancia mi casa cuida, sin darse cuenta me protege del amigo de lo ajeno, este que por la vía pasa de noche y de día, cuánta falta me hiciere si se muda el vecino, pido hoy al cielo por este buen hombre que sin saber me quiere, culpa él no tiene si la ignorancia de lo malo lo usa para bueno, la mancha sin culpa no cuenta, mas si beneficio te ofrece sin saber, este pobre hombre digno es de mi agradecer.

## 21- ¿DÓNDE ESTÁS ESPOSA MÍA?

La cuenta ha sobrepasado de las trescientas y no contables, pero ninguna de ellas era, o simplemente no era yo el de ninguna de ellas, los placeres y sus suspiros mojados de pasión quedaron en mi cuerpo y en mis recuerdos, pero no el amor que siempre he buscado, mucho menos la comprensión hacia mi ser.

Incalculable el amor que me brindaron, pero en esos cálculos no estaba la esencia buscada e ilusionada, qué haré con toda esta presa de amor que en mi pecho rebalsa, cuán grandioso será ese día que mis fantasías ya no sean fantasías, oh mis noches no serán sólo imágenes ante mi vista.

¿Dónde estás esposa mía? ¿Dónde estás? Ven a salvarme de esta pesadilla, mis ansiadas emociones desgasto en cualquier regazo, mi pasión derrocho en falso.

## 22- MI COMPAÑERA DE ESCUELA

Si en la escuela eres grosera, piensa, piensa cómo quieres que te quiera, siempre quiero darte un "te quiero" envuelto en un papel. De tu página de Facebook me eliminaste, ¿de qué manera yo puedo conquistarte? Piensa, piensa, mis celos me delatan cuando el timbre del WhatsApp se escucha, para mí esto es una lucha que cada vez más caduca.

En las redes sociales, en cada estado, estás simulando la felicidad en otros brazos.

Piensa, piensa y voltea a ver hacia el lado, donde tienes este chico enamorado.

## 23- CULTURAS Y AMOR

Viajé hasta aquí para amarte y adorarte, yo viajé hasta aquí para perderme en las fantasías de tus sueños.

Dejé mi tierra y mi raíz por ti, hoy únicamente quiero adorarte y perderme en tus brazos.

Viaje de lejos y en esta maleta solo cargo las ilusiones de un amor verdadero,

Vine a adueñarme de lo bueno, me entorna la felicidad de tus besos, tus ojos claros me amarran al futuro de la gloria.

Las culturas me asombran, pero me dan enseñanzas, tu cuerpo el calor que me causa el amor.

Las comidas me hacen dueño de un paladar nuevo, y tú, la dulzura de mi ego.

Los acentos son graciosos a mis oídos y tu corazón es mi pasión.

Todo lo que eres, todo eso necesito para no sentirme en mi vida nunca más solito, este bello país me adoptó a los lazos de tu amor bonito.

## 24- CRISTAL FALSO

Miedo de salir a la luz tengo, entre lo prohibido y el desvelo estoy preso, ganas tengo de dejarlo todo y librarme de lo prohibido.

Decaído entre la inmundicia me siento, mis narices transpiran lo amargo e ilícito, locuras bajan a mi mente de lo desconocido.

Veo luces de neón a mitad de la realidad, se cruzan mis ojos hacia las fantasías, ahí viven por algunas horas, tormentas caen en mi cuello.

Lo real rechazo a mi manera, mis pensamientos se pierden en una cápsula interplanetaria a través del viento que sopla hacia adentro.

Cuerpo despegado de mi cabeza, vive sin vida ni medida. Cadenas blancas atan mi dominio propio.

Luz perversa, rayas blancas absorbidas por dos caminos hacia arriba.

## 25- MI DESTINO EN TU CAMINO

Resignado estoy, a que mi destino se pierda en tu camino, tal vez no sea el hombre perfecto, aun si sé que soy el hombre que te ama, tu amor es tan indispensable para mí como el agua para mi vida, tu piel es la dueña de mis deseos.

Te necesito a mi lado, eres mi todo, eres la necesidad de mi pasión, la luz de mi corazón, la llave de mi existencia, la lujuria de mis tentaciones, la locura que me tortura en noches de deseos.

Ya, por más que busque un escape, todo se echa hacia atrás, en busca a que me atrapes, tu cara está por todas partes, a donde voltea mi vista ahí estás tú, ya extraño hasta tus enojos.

Me inquieta saber que por ti me muero, tú no tienes idea cuánto te quiero. Cuando a mi lado no estás me desesperó, y por si fuera poco, siento hasta que muero.

Imaginarme perderte, sería como perderme en las montañas del Amazonas, donde moriría de angustia y de frío, o tal vez perderme en la ruta que conduce a la condena donde viva preso en cadenas.

## 26- MORIR SIN PRISA

Puedo pensar que aun sin fuerzas, puedo combatir las fuerzas que me atacan en la oscuridad.

La capacidad se pronunciará en algún momento como la luz del día.

Me encierran las rejas de un mundo sin salida, un grito me transporta.

En los dientes del peligro me encuentro, las penas se alejan del hombre bueno.

Un puente es mi cielo, es mi casa, es mi todo.

La alegría desaparece en noches frías, el canto del niño se perdió en una guerra fría.

Me asocian las prisas del que lleva la rutina, cava la barra el hueco y espera al que se marchitó sin dejar huellas, los legados hablan sin estar presentes sus dueños.

El dolor de mi pena desaparecerá el día de la oscuridad, volar sin culpas es la gloria en vida.

Aprenderé a vivir, y así poder morir sin la prisa.

El fuego quema las heridas de la traición, déjame darte un perdón por cada coartada del corazón.

## 27- CON SOLO UN BOTÓN

Voy a jugármela con un solo botón, voy a suponer la existencia del control de mi mente, actuaré frío ante sus caricias fructíferas.

Conozco de cerca a la emoción, y muy claro estoy de la falsía que se presenta.

Voy a jugármela con solo un botón.

En noches calientes se olvidan las promesas de aquel día, la mañana se presenta llena de arrepentimiento.

Voy a jugármela con un sólo botón.

La Coca-Cola bota sus gases cuando se agita, voy a evitar ver los movimientos de tus caderas.

Las trampas funcionan cuando se interpone el champán, el tapón se destapa y entre la espuma del champán se sueltan lo botones de cualquier traje.

Pero voy a jugármela con solo un botón.

## 28- PRECAUCIÓN AL AMAR

Personas hay muchas, corazones muy pocos, las alegrías pasajeras, algunas pocas para quedarse, las razones obvias, y los sentimientos que se prestan al juego.

Cuando la pelota atrapamos es grandioso, el juego es bello si sabes perder.

Las características si las percibes con exactitud ganas, y los momentos llegan en su momento.

Amar es fácil si tienes comprensión, alejarte del mal te hace sabio.

## 29- GPS DE AMOR

Te amaré de una manera cibernética, como un complemento en mi vida, he puesto un chip en tu corazón.

Te monitoreo veinticuatro siete, es mi condición sentimental que hace comportarme de tal manera, GPS rastreando tus caderas por todas las carreteras.

En hacker me he convertido de tu amor, el password de tu corazón me he robado y ni cuenta te has dado.

Arduas horas navegando en las redes de tus pensamientos.

Te busco como el dispositivo busca el wifi para su vida.

## 30- DESHOJADA

Deshojada se muestra mi delicada planta de chamal, se ha aprovechado el insecto maligno de sus más tiernas hojas, mi deber será cautivar el verde de sus sonrisas, el movimiento de sus futuras hojas estará en manos del proceder de mi actitud.

Con dedicación veré en un futuro las cosechas del amor, encantos traerá el amanecer a lado de la sombra que acompañará a mi vida, cuán bella se ve una planta cuando una luz brilla sobre ella.

Atrapado ya me siento en su corteza, me embriago de la frescura de la planta que he encontrado en mi camino.

Afortunado, es el hombre que riega en horas del amanecer, despreciable el que con fuego la quema al atardecer.

## 31- ARENA, AGUA Y SAL

Aquí nuevamente estoy, donde las olas me revolcaron, y mis ojos de arena negra llenaron.

En esta misma playa estoy, y con el mismo valor, soy pez anfibio desde mi nacimiento.

La terquedad me acopla a luchar en las más fuertes mareas, te vi enfurecida y mi calma no desgastaste, no niego el miedo me aterra, pero la calma me aferra.

La lucha frente a tus aguas bruscas y letales, hacen de mi vida un pasatiempo sin regreso.

Trágame en los lienzos de tus deseos, y vomítame en tus ansiedades de locuras.

Desterrarme, ya se convirtió en una ilusión, es más fácil apegarme a una realidad absoluta.

Arena, agua y sal, es mi destino, mas tu tortura es este puñado de carne y hueso en kilos.

Lo azul se me hace intenso, mas tus arrebatos los sufro en silencio.

## 32- NEREIDA

Tormentas caen sobre mi cabeza en noches como esta, la niebla empaña mi sueño, la bella ninfa de ojos color fuego aparece de nuevo, con su cabello colorido de aurora amanesquera.

Bellísima Nereida, en los reflejos se aprecia una cama en forma de una nube gris, desde allá me tienta como el alcohol al bohemio.

Embriaga de amor mis sueños, carga en su espalda un arco grande, las flechas empapadas de aderezos.

En el laberinto de las nieves deja algunas huellas marcadas formando versos escritos divididos en textos.

Deja su trayectoria desde los océanos hasta los planetas, mis ojos como la mirada del halcón siguiendo sus vuelos con la mirada pura y encantadora.

Amor en mi vida siento, cada vez que aparecen estos sueños con trastornos de alientos.

## 33- LO INSÓLITO

Luz diminuta en un universo oscuro, tanta lejanía entre dos continentes y un mundo tan estrecho para dos seres que pueden quererse, la distancia de dos seres con amor verdadero, qué dirías si tan solo habláramos un poco.

El milagro dónde está que no aparece, tú y la clase social súper alta, yo con mi pobreza por el suelo me arrastro, sé muy bien que en mí está lo que buscas, pero me revuelco entre lodo y miseria, y voy caminando por abajo del nivel de tus pensamientos.

La injusticia es una, y la oportunidad de conocernos es otra, me entristece ver lo bello de lejos, y mi felicidad caminando por el suelo. Las escenas de las novelas son bellas, y mi realidad es otra con tendencia a rota, esto no tiene esperanza ni certeza, y cada paso del tiempo más me agravia la tristeza.

## 34- ALEGRÍAS EMBARCADAS

Un barco navegando va sobre el lodo, una travesía costosa en su viaje, un empeño para proteger a los más pequeños.

Llegará el momento de la salida del atasco, y con él la liberación hacia las aguas livianas.

Quizás, después de todo esto, los motores se volverán más fuertes, y sus anclajes más toscos en su momento.

Cada hora se muestra desesperada, la única consejera es la calma y el control para su salida.

Náufragos los que no lo intentaron y sin navegar naufragaron, los cánticos de las gaviotas ya se escuchan en aguas dulces de lagos y sus isletas.

La alabanza del necesitado aguarda en voz baja, sabe que la hora de la encomienda ha llegado, y el sustento estará a su lado.

## 35- AMOR DE MEZCAL

Esperar lo que no existe y lo que nunca existió, mis caprichos en busca de su amor se pierden entre luces y reggaetón, mujeres me entornan, sin embargo, mi amor es solo para una persona, esa que mis sueños me quita, la flaquita ¿cuál hermano mío? Pues la princesa delgadita, de todas ellas la más bonita.

La noche de ayer escuché palabras preciosas de esa mujer, de esa que de mi debilidad goza.

Un refresco es la única bebida para mojar mis labios secos, por la falta de sus besos.

Mi ilusión se debilita en este lugar, si volteo a ver a mi lado, veo sus sonrisas coquetas y sus miradas preciosas, es con otro el que esta noche goza.

Entre veces pienso disfrutar con cualquier chica de este lugar, el pensamiento me viene a enseñar, que no es otra a la que debo abrazar ni a la que debo conquistar.

Al final y analizar, hoy no soy más que un velero en pleno desierto, o un iluso, en sueños sin dueño.

## 36- CIRUJANO DE TU CORAZÓN.

¿Quién más podría? Oh quién más, el único diría yo, pues yo, este mismo cirujano de tu corazón, por tu bien hoy trataré de curar tus heridas del corazón, con paños de versos le secaré las lágrimas vertidas desde lo profundo del sentimiento, mis poemas le darán la paz interior, con una poesía entrelazada en la pinza voy a comenzar y el bisturí lo cubriré con la suavidad de rimas en versos, la ternura de mis caricias anestesiará tu corazón por siempre, mas cuando despierte, será el eterno olvido al dolor que torturaba día y noche a las arterias coronarias de tu cuerpo, en un nuevo ciclo floreará, para dar regocijo a mi vida, en otras palabras, a este cirujano de tu corazón.

## 37- HOGAR DESECHABLE

¿Cuántas veces viste la luz, y después fue peor la oscuridad? ¿Cuántas veces te paraste en la tierra firme, y después se volvió pantano?

En cada historia, un interés profundo en la mentira, una melodía falsa ha endulzado el oído necesitado.

Caduca lo falso en los brazos verdaderos ¿dónde está? ¿Cuál es la obsesión de buscar un eslabón perdido? Si la cadena está rota es para separar una historia sin sentido.

La pesadilla, se ha descontinuado a buena hora, la garantía del amor ha terminado en prosas adormecidas.

La subasta del amor le llamo yo a un cuento de rosas, las espinas lógicamente fueron verdaderas, un te amo navegando por encima del agua se burlaba de lo verdadero y profundo.

Las chispas, ya no hacían efecto sobre la leña empapada de llanto enérgico.

Casa de reciclaje, de un corazón con aliento a acampar las tormentas de nieve y avalanchas de martirios premeditados.

## 38- PALABRAS VACÍAS

Eres cuchilla contra mis palabras de amor, las cortas en el aire sin compasión, en pedazos caen al vacío, verlas caer me da tristeza.

Aún no es tiempo de la cosecha de las cerezas, pero aún no es lícito doblar las rodillas sin luchar por amar.

Derramar los sentimientos en forma abundante, nos da el paso a alcanzar lo que se perdió antes.

Me pierdo en pensamientos de humos, cálculos ilusos, argumentos llenos de lamentos.

Es como ver caer la lluvia en las hojas rotas de las higueras, o querer cortar el tiempo con tijeras.

Ganas de regresarme de este camino tengo, después caigo a la razón que nunca hubo tal corazón.

Neonata la suerte, agraviante destino, torcidos los caminos.

Tengo las llaves de la libertad, y la decisión se acobarda en el momento preciso.

## 39- ADICTIVA

Cleptómana es la mujer mía, roba mi amor cuando le da la gana, adicta a tomarme cuando sus deseos despiertan en momentos de su descontrol, cansado llego a casa y el respeto ignora a mi cansancio, escapar de ella quisiera, pero mi orgullo de macho alfa no me lo permite, enfermedad progresiva a mi vida lleva al sacrificio en noches enteras, me siento atrapado en jaula de pasión, dulces son sus derroches de emoción, pero las consecuencias entorpecen mi día a día, condenado estoy a terminar como mártir en una guerra lujuriosa y candente, en un futuro, tal vez muy cercano, pueda escaparme de sus manos.

## 40- TIEMPO PARA AMAR

De la orilla a la profundidad es mucha la diferencia, de la Tierra al infinito hay mucho tiempo para amar, la nobleza es la llave perfecta para un corazón.

De la esencia de lo bonito quiero alimentarme, las extremidades de lo bello es ilusión, la manera sabia es vivir sin condición.

Me enaltecen los aplausos en sus momentos, lluvia del cielo cae en mi interior, cara amarga pone la envidia que me vigila noche y día.

La alegría se presenta después de las guerras frías, batalla la belleza cuando en el interior está la torpeza, júbilo es encender la llama del amor.

La fineza de una sonrisa causa la ilusión de un final feliz, mas el maligno se disfraza de oveja de piel bella, a diferencia a la del león sereno y frío.

## 41- LUZ Y COLOR

Por un zafiro yo aspiro, no sé si existe, vive en mi pensar pleno y sublime, me rodea la mente de colores espectrales, en colores de arcoíris mi mente descansa.

Me ilusa pensar en sentido positivo. La aparición de una luz con la contundencia de proyección, en un nuevo sistema me ciego.

Me visto de verdadero y autentico traje latente, procuro pasar desapercibido por la oscuridad de la noche.

Crece cada vez más mi obsesión de encontrarme con la piedra que es por dentro dura, y de belleza pura.

Se dice que los rayos delatan el paradero de su existencia, en ese delatar yo quiero estar presente.

A ver la realidad me niego, prefiero apegarme a una luz con poderes y fría, una luz transportadora de mis alegrías.

Si equivocado estuviere, y aun así vivo pensando en lo profundo, prefiero que de esta manera el cielo me entierre en sus colores intensos.

Una palabra de aliento para mí, en este momento, sería sustento, pan y vida merecemos todos los que en el amor buscamos colores y luces que den vida.

## 42- FARSA

Se me hace difícil convivir con la mentira, abrazarme con la tacha, acostarme con la falsía, amanecer con la misma, vergüenza total salir a la calle de la mano con la hipocresía.

Callar y observar son mis reglas complementarias, para vivir de una felicidad sin embuste, felicidad en copas transparentes.

Un amor para el ojo ajeno, y para el mío un puño de veneno, la farsa en tu cara se refleja, tu maldad jamás vencerá mi percepción y mi nivel de autoestima.

Astuta filfa, cambiaste mi vida a un oasis sin salida, la trampa en el camino no pudo cambiar mi destino.

Diabólica la ocasión de aquel día, fueron tan pocos los minutos, cuando ya tus brazos me embrollaban.

Tu vocación de intrigas besó mi amor en ese momento, cálculos inicuos son tus besos.

## 43- BESOS Y COMPRENSIÓN

Es mi obligación hoy decirte, que en cada beso que me diste, nació este amor que en mí existe, y con cada beso florecía mi esperanza, esos besos que siempre me diste con la precisa calma.

Hoy debo decirte, lo mucho que conseguiste con tu astucia audaz, luz divina es la que hoy alumbra mi despertar, con cada beso yo me desestreso, y en tu vida me encuentro preso.

Tu sonrisa, me devolvió el carisma que había perdido, a través del amor falso atravesado a mi paso.

La felicidad llegó en un cerrar de ojos, como llega el momento de caminar para un cojo, tus besos son únicos en la piel de mi cuello.

Hoy canto de alegría, al saber que estás aquí cada día, tus manos llenas de amor acarician mi cara en momentos difíciles de esta vida, cómo pagarte lo que tú haces vida mía.

Corro a tus brazos cuando esta maldita tristeza me persigue, amor se llama la moneda, con la que pagaré la deuda que a ti debo.

Me apetecen tus besos como apetece un migrante regresar a su tierra, belleza plena es vivir en colores boreales, como los abrazos que tú me das en tiempos de tristeza.

## 44- COLORES Y VIDA.

En el color gris me confundo, en el color azul me siento pleno, y el rojo me lleva al paraíso, mas el negro me saca las lágrimas saladas.

Presiento lluvias en medio de soles intensos, ah cómo presiento el mar gritando tu nombre en casi todo momento.

Me deslumbra y me emociona cualquier mentirilla barata, me niego a pensar en largarme, me obligo en mi pensar quedarme. La aguja marca con su tic tac en un viejo reloj cada día, cada noche desespera mi cuerpo.

En un paso para atrás me he perdido, en una actitud planeada a mi manera, en cualquier circunstancia me refugio, caza el tigre por hambre, presas que se dejan cazar con condiciones.

Después de dar el arañazo y el brinco me arrepiento, tarde es para lamentos, cuando se sabe que es mejor vivir el momento.

Me motiva saber que un pájaro blanco, en cuatro horas transformaría mi vida, esta misma vida la cual hoy me castiga.

Las musas son susceptiblemente flácidas, y se borran en sus propios te amo, una condición propagada por los tiempos modernos.

En las líneas de este sencillo cuaderno, plasmo mi vida y este cruel tormento, el cual a diario me castiga.

## 45- A ROCÍO

¿Por qué debo conformarme únicamente con mi café? Si hoy se alejaron tus besos, que eran el pan de mi sustento, y tus abrazos eran la seguridad de mi cuerpo.

¿Por qué debería ser conformista? Si contigo te llevaste la razón de levantarme, la razón de despertarme, la razón de cantar una canción en la ducha, y para qué, si tu ya no me escuchas.

Escríbeme, aunque sea un par de líneas, y dime que me amas, y que ya no puedes hacer el amor en otra cama.

Regresa amor mío, yo no merezco este cruel castigo.

Eres la causante de mi inspiración, y la culpable de la soledad que me atormenta.

## 46- DÍA DE LA MUJER

Hoy, por ser un día incomparable, así como es el corazón de ti mujer, que envuelto en cintas rojas pariste tu hijo, premiaste con felicidad al esposo, hoy mujer llénate de orgullo y gozo.

Tú, mujer, que representas el símbolo del amor universal, dimensional, la admiración por ti mujer no se compara ni con todas las estrellas.

Mujer placentera, leona, fiera herida si lastiman sus polluelos, gracias te doy a ti mujer, y perdón te pido por mis faltas que contra ti muchas veces he cometido.

## 47- ANTÍPODA

Tu amor, es antípoda en la ubicación de mi corazón, a través de la gran distancia puedo verte, a través de la línea imaginaría de mi mente puedo tenerte, mis sentimientos captan la pureza de tu sensibilidad cuando te siento mía, eres mi facultad para mejorar en tiempos prolongados, los cuales arrugan mi corazón, con tu presencia revive el rojo, a través de tus caricias místicas.

Encrucijada la pasión a la mía, diminuta la precaución de nuestra entrega en la cama.

De norte a sur, se ve el espacio de auroras, en el atardecer se pierde la esperanza de volverte a ver, una historia me deja sin saber en cada amanecer.

## 48- AMOR DESVANECIDO

Tener estas lágrimas bajo llave no me da paz ni consuelo, tampoco me da alegría el poder contar la historia de la muñeca con corazón de acero, el sonido de un sollozo se esconde en el orgullo de un trozo de acero, dejar correr el agua por sus rutas no es tan correcto, es mejor al permitir estanques llenos de pirañas, me entristece no gozar de su fuente pura, en un altar la sueño, envuelta de nubes blancas, y de fondo el azul del cielo, en mis sueños la veo pisando estrellas, y cada pisada diciendo un te amo, mis ánimos se desvanecen al tocar el suelo, la realidad duele, pero mas dolerá un futuro sin existencia, un futuro con figura unicornia, la manera abstracta con que me trata, trae cierta esperanza.

## 49- LO VIVIDO

Vi el hielo, también vi el fuego.

Los humos dieron sus señales, el caballo se espantó en el momento de la serpiente en el camino.

Las huellas imborrables a pesar de las tormentas de arenas. Vulnerable las cicatrices del pájaro herido.

Cancerígenas las heces del gallinazo cuando caían, los vientos en forma de olas imborrables y perceptibles.

La edad avanzada de la esperanza la marchitó un mundo sin compasión y agradecimiento.

El filo de una espada pide respeto y lealtad, en el sonido del arpa surgen retoños de nuevas esperanzas de amor.

## 50- AMOR, DE NORTE A SUR

A través de la distancia se pierden los amores, a través del tiempo, las promesas.

Hacia el norte viaja la mitad de una vida entera, la entrega de un amor a otros brazos.

La despedida desgarradora, en cuestión de días aparece la realidad, para despertar en otros brazos y otra cama.

Encandila la luz, y ciega nuestra vista, un amor de lejos no lo complace el reflejo de un video, ni la foto llena un vacío en mi recámara.

Hipócritas, las palabras de norte a sur, un te amo falso, una verdad oculta, un ciego opinando de lejos.

Cuando el hambre llega al pájaro, no hay vergüenza que lo ataje, ni se desprecia un vino en tiempo de frío, y más si por ti vino.

## 51- MATRIMONIO VACÍO

Rosa artificial soy en tu jardín.

Pétalos pintados, maquillados los sentimientos.

Carta en renuncia escrita en papel en blanco

Temor al desafío, a recorrer el camino, a falta de juicio el intelecto.

Pancartas y bandera blanca en los pensamientos.

Clara es la situación, y sobre aviso de huracán en cualquier momento futuro.

Minimizar los pensamientos quisiera, pero tu rostro me arrastra al dolor de los recuerdos.

## 52- PLACER, SIN REDES SOCIALES

Un poco de soledad, un poquito de alcohol, la humareda de un cigarrillo, el toque perfecto para meditar.

Una canción es real al gusto si es entendible. Las parejas van por los caminos de las conveniencias.

En cada fama personal, una trampa al final, el cuidado deberá estar a la par en cada lugar.

Las luces iluminan, pero no perciben, el dinero atrae lo bueno, lo malo lo querencia, aprovechándose de la mano donde come.

El amor verdadero es cosechero, es sincero y verdadero, es sostenible en momentos de crisis.

Los amantes verdaderos son silenciosos, se mojan en la ducha, y nadie los escucha, caminando van de la mano en lugares reservados, sin teléfonos y sin redes viven sus placeres.

## 53- LOBO HERIDO

En la claridad de la luna y el silencio doy quejas en pleno aullido, a lo alto del firmamento, lobo herido soy, sangrando y refrescando el polvo del desierto paso mis noches, me profundizaste las heridas con el filo de tus besos, el lamer mis heridas me da cierto alivio, adormece el ardor que por ti siento, el reflejo de la luz de la luna abrillanta mis lágrimas salientes, pido a lo alto que mis huellas se mantengan intactas, para la guía sabia del cachorro que soñará un día. Las estrellas me dan mis direcciones, y el cielo la esperanza en noches de angustia, la espina del resentimiento hizo estrago en mi cordura de hombre noble.

## 54- AMOR PROHIBIDO

En el ribete de un vestido me perdí, en el ribete de un corazón me prendí como alfiler, en el cuento de un anciano me refugio para disfrazar el amor que por ella siento.

Calentar su amor me da gozo, calcular la porción de la pasión me saca de la razón.

¡Cuánta estancia en la tolerancia de lo divino!

Vamos por las avenidas de la gran manzana, y a tu lado se hace más hermosa la mañana.

Las viejas estaciones guardarán de por vida nuestros secretos comprometedores, el respeto al hombre bueno lo debemos.

No soy un hombre malo, pero me gusta lo bueno, eso que me eleva a los ensueños.

Tus suspiros profundos, me dan la miel que muchas veces me niego a creer.

El secreto, se guardará en la selva de cemento y en las estaciones de esta gran ciudad, lo que hoy les cuento, de eso nada me arrepiento.

## 55- MESSENGER

Busco los viejos textos de amor en el Messenger, como si buscara leña seca en pleno invierno, para encender la chimenea de mis sentimientos.

Busco un estado donde esté tu nombre, para sentir gotitas de miel en mi corazón.

Canto la canción, la que dice despacito para alegrarme aunque sea por un ratito, y me duermo con la misma de don Vicente, esa que a ella la pone como demente.

## 56- MI LUZ, MI DAMA

En mis días líricos, agrando la certeza de tu gran amor, en días complejos, siento tener el amuleto que me regalaste el día que te encontré.

La pureza de enseñarme a dar amor, me ilustrará para caminar en caminos oscuros y días de tormentas, como mariposa filantrópica aterrizaste en mi pecho.

Fortuna inesperada, como la lluvia en pleno sol, así caíste aquella hermosa tarde de primavera.

No pago ni con diez vidas mías el aparecer tú en mis brazos de la nada, con lienzos unidos a la gloria es mi caminar en estos preciosos momentos, es de tu amor que todos los días me alimento.

## 57- CARTA A MI ESPOSA

Tus recuerdos me acosan, me limpia las heridas una poesía, si regresaras prometo nunca buscar lo que un día no fue tu intención, comportarme con postura de caballero es mi deber, durante tu ausencia he visto claro el cruel error, cada día sin ti desaparece una estrella en el firmamento, tuve la gloria en cada mano, y de repente se fue por las cortinas en aquella primavera, ni siquiera he notado si ya llegó el verano, para qué quiero la playa sin el calor de tu cuerpo, y para qué inviernos con la hoguera triste, en cada paranoia busco tus regazos, tal vez mi arrepentimiento sea tardío, lo que si sé, es que somos de libre albedrío, dar todo quiero, te podría jurar sin egoísmo ni recelos. Algunas veces me refugió en algún lugar, y lo único que logró es recordar tu piel. "Esperar ya pasó de moda", me dijo un joven sin comprender mi estrecho dolor.

Mi respuesta fue: "coincido contigo", sin embargo, una lágrima rodaba, y la infeliz me delataba.

Casa abierta es mi pecho, para el día de tu posible regreso, digo posible como una mentira flaqueada, no pasa nada, no ignores estas tercas palabras mi esposa amada.

## 58- EL ROCE DE MIS PENSAMIENTOS

Si una canción es de verso en verso, y una ilusión es de imaginación, entonces qué esperas para bailar al son de tu corazón.

Amar sin control quisiera, te niegas a fluir tu pasión, a lado de este loco soñador.

Encadenada está mi vida, atada a la fantasía de amanecer contigo algún día.

Insólito lo que en mi vida pasa, un trovador es comprensible a mi angustia, poética mi lengua cuando habla de tu amor.

Cuántos sueños rodeados de clemencia, cuánto tormento sin un comienzo. Me inquieta cuando veo cada movimiento de tus caderas.

Cuántas preguntas sin respuestas, cuánta realidad sin resignación. Me emociona vivir un mundo contigo.

Cada día sin tu mirada, es una década perdida, enloquecen mis hormonas cuando el calor de tu cuerpo roza mis pensamientos.

## 59- HERIDA Y PERDÓN

¿Por qué las cosas malas se alejan solas? Se alejan cuando el bien prevalece con nosotros, mientras las buenas se preparan para abrirnos los brazos.

Las maldades son gigantes, y se caen por su obesidad, los buenos momentos fluyen por la bondad.

Cara alegre da lo justo de la vida, cantan las miradas de felicidad.

Me entretiene esta aguja con hilos de sueños, cuando tejo cada error de esta vida llena de huecos, estos aparecen en cualquier lugar.

Las costuras sellan los huecos, pero nunca desaparecen la carcoma inmune.

La cicatriz es una, y otro es el perdón, van del brazo en este mundo, sin razón causan la herida, y después la quieren sedimentar con el azúcar de un perdón.

## 60- A SARAÍ

Saraí, la niña que se cree abandonada por sus padres, la niña que por creer que cambiando su nombre a Saraí piensa que cambiará la historia, aunque sus padres la tienen en el corazón, Saraí no piensa igual, ve las fotos y lanza reproches al viento, pero el viento se los devuelve sanos de rencor y puros para que pueda gozar más de su vida.

Saraí sigue siendo para sus padres, los que por motivos económicos viajaron al norte a buscarle el futuro, la que hoy es Saraí, trabajando desde la puesta del sol hasta que se oculta, para limpiarle de espinas el camino a su princesa, y pueda ella caminar sin dolor en sus plantas.

Saraí, sabe que a sus padres verá, pero se pregunta cuándo, solo Dios sabe cómo, cuándo, por qué y para qué.

Saraí no entiende eso, según Dios al paso del tiempo tendrá la explicación de los guiones de la vida, pero Saraí sigue sin entender lo gris que puede ser la vida.

## 61- PASIÓN

Entre a más distancia veo las aguas del mar, más azul se vuelve su intensidad, el amor entre más es la pasión, más se acelera la versatilidad de mi ilusión.

Verme en tu pasado quiero, conseguir el deseo de tu cuerpo me enloquece, el aroma de tus pezones me vuelve demente, la soledad se escapa cuando en ti pienso.

Mi actitud por conquistarte, se enfría cuando ve la frialdad con que tus ojos me miran.

No niego que, al estar junto a ti, siento estrellas sujetadas con bollones en mi corazón.

Mi juicioso tiempo no alcanza para un siglo sin ti, mucho menos imaginarme una vida sin tu presencia.

En cada puerto existe un mar abierto, y en cada historia como la mía, un futuro incierto, y quizás un futuro de felicidad a tu lado.

Los días traen el compás de su paso, y la oportunidad junta llegará en ese día premiado, no la cejaré escapar y la tomaré de su brazo.

## 62- LA PLAYA Y MIS RECUERDOS

Cada día me enamoran más tus recuerdos, el azul del mar se hace más intenso con sus sonidos, las olas dan el ritmo perfecto para despertar mis emociones, y consigo escribir cada frase en la arena, me doy cuenta como el viento las borra, pensando estoy, que así me debes estar borrando de tu memoria, tus místicos sueños están lejos de mi altura, mi conformidad se viste de lealtad, en mañanas como esta, mis tormentos se disuelven con la apreciación de esta playa, la cual es mi única salida por las noches de recuerdos, también la luna aporta satisfacción a este loco corazón. Donde quiera que te encuentres, espero que camines abrazada a mis recuerdos y no borres las huellas de mi cuerpo, incandescente mi corazón debido a las altas temperaturas de soledad. Por mi parte, multiplicaría mi perdón, y de mi parte darte la razón. Tu orgullo de mujer no deja ver lo más importante para tu conclusión, el desgaste de tu conciencia va permitiendo un porcentaje demasiado alto de rencor. Mi insuficiencia de oxígeno se acelera debido a tu ausencia, pero aún sigo de rodillas escribiendo en esta vieja playa, de ella soy su fiel compañero y ella sabe cuanto te quiero.

## 63- TORMENTA ROJA

La demora de la tormenta roja es la sonrisa de la madre que adora. Es la felicidad de un padre porque llegó la hora de cosechar, el retoño que traerá la primavera, grande y hermoso un nido espera, el pajarillo que traerán las flores, entre lágrimas y sonrisas caerá la lluvia roja, y en los brazos caerá el regalo que Dios mismo envió del cielo.

## 64- PACIENCIA Y AMOR

Cara linda, ángel hermoso, si tú amas a otro, no es mi culpa llegar tarde a tu vida, solo pido que apagues las ofensas lanzadas sobre mi vista ciega, un sabio dijo: "si hay ofensa también hay malicia interna", camina siempre así, sigue tu rutina, esa cansa, y al fin tuercen el camino, llénate de galas en estos días, yo viviré con alas adormecidas, el tiempo muchas veces compasivo y justo, amolda los pensamientos desmedidos. Carita de ángel, cuerpo de luz artificial, siempre estaré aquí, paciente, esperando por ti en este lugar, donde tu felicidad se guarda para ti, luz de mi vida.

## 65 - CÁNCER CRUEL.

La tristeza hoy llego a mi vida, cáncer maligno te llevaste a mi esposa entre tus abrazos, el ego, y tu envidia se empeñó en la desgracia mía, cáncer despiadado, me dejaste solo, y a mis hijos abandonados, sin su madre que tanto amaban, sus gritos desesperados los tengo atorados en mi recuerdo, por el amor a mis hijos prefiero que ese grito quede encarcelado en el pasado, el mañana traerá consigo días diferentes, el temor del presente me aterra y me desgasta, veo la cama desordenada, y en uso una sola almohada, desgastado mi cuerpo por los años, hoy me siento vacío, y desesperado, maldita enfermedad, mi felicidad te la llevaste a tu lado.

## 66- VIAJE A LA FELICIDAD

Cada quien elige sus gustos, y cada uno sus límites, en la paciencia descanso mis penas, el embargo de mi vida no permito, admiro los puentes, y las paredes evitó, mirar al cielo es paz, las aguas caen de arriba, y con ellas sus cosechas. Bajo control vivo mi vida, sin buscar muchas salidas, las preocupaciones producen estrés y pena, en el ángulo llano me mantengo sin prisa, puntos en proceso de proyección, mi vida vivo en el centro de los laxos ante toda decisión. Los amores femeninos son divinos y esenciales en nuestros destinos, aun así son perturbadores. Vivo feliz todos los días de mi vida, porque aprendí a trazar los puntos fundamentales con la contundencia precisa, las coordenadas trazo en mi mente cada mañana cuando me levanto.

## 67- LO VERDADERO

¿Has visto alguna vez el cielo lagrimear?

Entonces también has visto un hombre suplicar por el amor de su mujer.

Cuando el sol y la luna se unan, entonces la felicidad será plena como las parejas la quieren.

## 68- FOTOGRAFÍA

Una fotografía es mi sustento, acariciar tu cara es cosa de coquetear con mis miradas, me ciega el entorpecimiento.

Siento estar preso en tu pasado, siento que esto no es de alguien coherente, es posible que te llevaste mi vida en tus recuerdos.

Una canción triste empaña mis pupilas, y las lágrimas envejecen mis mejillas, cómo olvidar el recuerdo de un fantasma.

Pasan los días y el sol no apaga la tormenta, la crítica del amigo no funciona con este cruel castigo.

Cuánta esperanza consumida, cuánta lealtad en tu ausencia, el día de hoy es blanco sin prisa.

Volar a otro océano son mis deseos, la apertura de otro capítulo no lo creo.

Canta el bohemio sus locuras, el abandonado muere de arrepentimiento, un adiós es mejor que un te amo vacío.

Fotografía escondida en un gavetero abandonado, la discreción es el resultado de una traición, consideración al corazón, la calma pervierte mis sentimientos.

Conclusión de una historia fantasma, mi grito silencioso no es tan preciso, en la orilla de una cama duermo dejándote el espacio, el vino en ocasiones alivia mi destino.

## 69- SOLDADO

Amigo, ¿recuerdas la madre de aquel soldado? La madre de nuestro amigo de infancia

¿Cuál mi amigo?

La de las lágrimas de sangre y gritos de leona herida, mientras su hijo se imponía con verdadero ímpetu para liberar un pueblo oprimido, la madre del hijo de los ojos grandes.

Aquel de las botas altas, el del fusil plegable encarnado en sus brazos.

Ese que liberó aquel pueblo de la opresión, pero a su madre le asesinó el corazón y la conciencia, abandonó sus hijos, y de paso el prodigio de su carrera.

Hoy es una madre que se desvanece entre citas médicas y pastillas para la depresión, dándole de comer a un loco que regresó de la guerra.

Esa, la que dejó su vida entera criando a su niño, sin saber que le regalaría sus ojeras, y desvelos por noches enteras.

Amigo, ese niño con los dedos hoy cuenta los días de las semanas y las horas para comer, cambió su retiro a la isla del encanto por pastillas y un centro psiquiátrico, dos vidas luchando ante la locura, mientras los millonarios se preparan para excursionar con sus familias.

## 70- EL DÍA DE LOS ENAMORADOS

El día de los enamorados ha llegado, estrellas del cielo he bajado, en mis bolsillos las he guardado, para entregártelas este día, las he perfumado de amor y con fragancias de recuerdos, son estrellas con esplendor rojo como el brillo de tus labios. Me ilusiona verte un día, que en una luz como carruaje seas transportada hacia el altar en una tarde venidera, yo he podido ver los rosales en mis noches de sueños, y la rosa placentera que han escogido mis desvelos, es esa la princesa mía, la de los labios carnosos y bermejos, la misma que cumple cada uno de mis placeres en nuestros muchos atardeceres. En el brillo intenso de tus ojos me perderé hasta la muerte, la razón es que ya no puedo vivir sin verte.

## 71- TREGUA

Hostil la creación de este amor, el final caducará en el momento de tu principio.

Un principio esperado con ansias y lealtad, lo contrario es fuerte, pero a veces cambia en el transcurso de los detalles.

La grandeza viene a dar felicidad en hora buena, el tesoro escondido se encuentra en lo bueno y profundo.

Calmar la sed es bueno en la abundancia de los besos, calentar los pezones en tiempos precisos nos alarga los sentimientos.

Esperaré ese cambio, cada amanecer, cada despertar entre miradas de esperanza, veré tu cara, y con mis ojos te daré esa paz que en ti buscas.

Entre comillas pondré esa luz buscada en mi destino, el camino es lejos y hay esperanza, ganaré tu confianza a través de cada paso y borraré las huellas malas de tu pasado.

La importancia de esta historia es la vivencia mía ya en tu memoria, caudales de aguas cristalinas vienen de vez en cuando a darnos gozo, por eso he depositado este amor en tus pasos, para cuando llegue el día de ser tu esposo.

## 72- LOS OJOS DEL CAMPO

Hoy el cielo está más gris que claro, hoy las lágrimas de una familia riegan la siembra en su parcela, los recuerdos hacen que las montañas se oscurezcan, la mirada de aquel hombre humilde ha hecho llorar a las nubes, y que el sol cierre los ojos en este día, la partida de ese hombre campesino reunió las personas de un pueblo entero, el numerario de personas dio sombra en todo aquel camino empedrado, acompañando al hombre de la sonrisa de oro y de apariencia sumisa, en algún lugar de la eternidad su pasión por el campo lo seguirá, y su caballo lo extrañará cada vez que el sol salga, el pobre y humilde, cuando muere hay mucha fiesta en el cielo, en cambio la parcela se desgasta con su tristeza, en las mentes se dibujará para siempre un legado de honradez y la mirada de los ojos negros representando las montañas en aquel poblado, la pasión por los caballos ya la heredó a un niño, mientras la resignación es la única salida para su familia.

## 73- BESOS

Los besos de la mujer falsa el viento se los lleva y nos hacen sentir bien en su momento, una cara alegre es la consecuencia de un beso con valor.

Místicas las miradas causadas por los besos de la mujer que nos descontrola la razón.

Causa a objetar será el predominio de un beso simple y vacío, desconsuelo el manejo de un vivir a ciencia ciega.

Los desiertos, por calientes que sean, sus arenas no matan el cascabel, los amores por fuertes que se solidifiquen no matan las intrigas ni las calumnias.

Besos, besos, estragos dejan a su paso, felicidad en algunos casos.

El beso es la llave de la puerta al amor, o el amor de Judas que a Cristo vendió.

## 74- ESTADO DE COMA

La amistad es un gozo, el amor de parejas un premio, y el sexo un estado de coma en tiempo corto. Es hermoso si se toman las dosis adecuadas, si tomas en sobredosis, será un empujón a la muerte.

Peligroso si no los sabes percibir, los frutos carnosos los paren los hechos verdaderos, cuando gotas de amor refrescan los sentimientos, son simplemente viajes al firmamento.

La paz da consuelo, y los consuelos dan los consejos, los cañaverales nacen, y florecen a través de los buenos inviernos.

Los éxtasis, los traen los acoples de los genes, clara es la pasión cuando hay ilusión.

A los amantes verdaderos, los abriga el fuego ardiente y candente, las locuras improvisadas salen de la nada en camas de hadas.

Los pies tampoco resbalan al barro si piso la roca firme y verdadera, soy feliz porque con esta convicción nací, y amando el amor crecí.

## 75- APRENDIZAJE

El ajedrez lo aprendí a jugar, como aprendí a jugar con la mente del humano, algo que yo no escogí en mi vida, don que la vida me brindó.

Tal vez la vida no te lleva donde quieres, pero te pone las fichas para que las juegues.

Es un barco de velas, donde el viento define la velocidad y tú los rumbos, una trayectoria confusa, marcada a través de las circunstancias.

Las ganas de no dejarme del prójimo, me impulsaron a tomar medidas invertidas en esta vida, ecuaciones únicas y complejas.

Flores te tiran si caminas en sentido acierto, mas si te ven en el desierto, sentirás como te tiran puñados de arenas sin tu consentimiento.

## 76- ESCRITORIOS Y MOLINOS

Siempre he pensado a mi manera personal, respetando el concepto de cada quien, que los corazones son escritorios, donde se guardan los archivos de la vida, escenas de amor, recuerdos dolorosos, perdones, libretas de fantasías sin cumplir, libros de sueños y cuentos.

Un escritorio de archivos, el cual debes limpiar de papeles sin valor.

El limpiarlo te da espacio para los papeles que vas apenas a escribir, espacios muy importantes para la sabiduría y control de esta vida intensa.

Imprime los documentos de valor y archiva muy ordenadamente en los depósitos del corazón.

Diferencia al cerebro que actúa como un molino procesador de masas, algunos de mística calidad a diferencias de otros.

Algunos procesando con ligereza y precisión el producto, algunos donde la masa es procesada tosca sin control ni fineza.

## 77- CAFEÍNA Y RECUERDOS…

Tomándome un café me encuentro, en esta mañana de vagos recuerdos, la humareda me transporta al pasado de nuestras locuras. Qué bien me siento, saboreando la cafeína en mi paladar, como los besos que nos dábamos en este lugar, donde los árboles derramaron sus hojas en nuestra espalda, y las golondrinas en los aires se divertían al ver el derroche de pasión entre los dos.

Las miradas vagabundas se estremecían sin discernir el ajuste de las consecuencias.

Cafeína, encantas hoy todos mis recuerdos, mañana por la mañana tomaré nuevas dosis para mi inspiración.

Te veo a través de esta taza de cristal, tus ojos verdes y tus cabellos rizados, cada vez que pasa el tiempo, yo estoy más enamorado.

Cafeína, agudizas mi mente cuando mi imaginación sus labios besan. Cafeína, cafeína no te olvides de traer contigo todos los días, el combo de recuerdos de aquel gran amor.

## 78- QUIZÁ

Quizá al ver hacia el cielo puedo evitar que roce esa lágrima mis mejillas, quizá pueda evitar la risa de los compañeros de tragos, o tal vez el consejo del mujeriego, pena inédita, pena anónima, internamente las heridas siguen sin sanar, a galope cabalgaban las ansias para lograr salirme de aquel pozo de tormentos, vi tu partida y con ella arrastraba los hilos que nos ataban en noches cálidas, cuando tus pasos aún se escuchaban, mi corazón aparentaba ser hermético, pero la sangre se mostraba caliente y hacía que el corazón perdiera la precisión de sus palpitaciones, en todo momento estaba el deseo eufórico de mantenerme encima del mal que dejabas en ese instante, la cobardía no perdía la voluntad en atormentar aquella despedida destructiva, tu cara se veía feliz y tu sonrisa reflejaba el final de un propósito monetario, cargabas en los bolsillos lo que un día imaginabas, lo que en el pasado te faltase, grande era su maestría y grande era su hipocresía, yo no me merecía tal acto de cobardía, los tiempos sanan un poco, pero muchas veces las cicatrices mal solventadas, pensé al conocerte que tú tenías en tu ser el paraíso perdido, y lo único que te acompañaba era el veneno cruel, el jugo de la adelfa conciencia.

## 79- AVISO AL CORAZÓN

¡Sí! A lo mejor esta conversación de hoy es un adelanto de lo que el tiempo nos trae, estaré dispuesto a arrastrarme como un dragón, y así poder quemar el amor de mi corazón con el polvo ardiente, y las gotas de lluvias puedan estrecharse contra mi cuerpo más fuerte para limpiar el barro, también borrar el pasado que está como remolino en mis pensamientos. Y ya cuando mi lengua se reseque de repetir tu nombre, mis oídos ya descansen un poco más, y el sol pueda compadecerse de mi piel, a cualquier camino que vayas mi nombre llevarás clavado como daga envenenada, sentirás los fríos del invierno como cascadas de hielo que caen sobre tu cuerpo, y las noches asemejándose a una pizarra fosca donde muchos escriben entre líneas las historietas de amores fracasados. Trataré de ahogar ese ciclo con agua salada del mar, ese recuerdo donde era pegajoso y rutinario, más difícil era para mí cuando el único que fertilizaba la esperanza, era yo. Estaré mejor cuando toda la turbulencia pase, el desgaste lo guardaré para alguien que esté dispuesto a curar todos los estragos del pasado.

## 80- ACEITE Y AGUA

Amigo, yo desearía que fueras conmigo, pero el aceite con el agua solamente se observan, estos dos no comparten el mismo lugar.

Mi humildad adversa a tu prepotencia, tus ofensas en la punta de la lengua.

En aguas tranquilas mi vida se sumerge, gotas de sol a mi cabeza iluminan, en cambio a ti, derrumbes de lava alimentan tus sentidos, grietas en tu cerebro tosco, gracias hoy doy a mi vida sabia y culta.

## 81- GRADUACIÓN

¡Soy así! Por el vivir que me arrulló desde mis primeros días de pubertad y de arrastrarme en la intemperie, he vivido en todas las maneras y las maneras en mí.

Así soy, por mi aprendizaje salvaje y desmedido, no he podido llevar mi mundo a mi antojo, el mundo me ha llevado a mí.

¡Soy así! Por lo que me tocó, no por lo que escogí, con un ojo cerrado y otro abierto dormí, nunca tuve noche con exactitud para dormir, ni día pleno para sonreír.

Así soy, porque las rejas de una cuna no conocí, el cemento rudo y frío era mi amigo.

Así seré, porque la calle fue mi mentora en toda hora, un título me entregó cuando me vio fuerte, como el Tarzan de la calle, con sus bejucos guardados en mi mente me gradué.

Tal vez, si estuviera débil, maldijere con enojo y llanto, hoy te digo mentora mía que, sin ti, sería solo un renacuajo con plumas débil y falsa, también tendría grito horripilante, como la urraca cuando delata todo a su paso.

## 82- MI AMOR PLATÓNICO

En el santuario de la luna viven los recuerdos de ella, las brillantes ideas se propagan por la mente de aquella perla bella.

En las galaxias vagaban los pensamientos sin rumbo ni juicio, su esplendor gozaba de los atributos de una luna llena en absoluto.

Casta de nirvana joven y astuta, con aparentes atuendos de oveja blanca y sumisa.

La plata justificaba y cubría las pieles oscuras en sus andares de la vida misma, cantaban los prados y sus pastos de vez en cuando.

El lenguaje no le permite comunicarse, con el peregrino sin destino, bardo enamorado los años lo han dañado.

Las esferas rotan al ritmo de una vida entera, las tardías estancias no califican si no tienen la razón en sus manos.

Viaja el sol al oeste para dar calor a otro continente, y el que quedó atrás goza de abundante frescura entre caricias de ternura.

## 83- DEPRESIÓN

La depresión pasa todos los días por la calle de mi casa, disimula cuando me ve a la par de la alegría, se indigna de celos y envidia, ella a mi casa no entra, es enemiga de la buena vibra, la amargura de esta destruye al hombre de buena cortesía que la invita a vivir en su vida, mal juicio y capricho son los culpables para andar con ella de la mano, mata al débil y debilita al fuerte, con ventajas el humano actúa cuando te ve con la depresión de la mano.

## 84- JULITO Y MARÍA

El niño morenito de cabellos crespos, carácter repugnante, y de vez en cuando una que otra sonrisa con sus dientecillos blancos, ese era Julito, el qué jugaba de pistolitas de chorros y Jack con la niña María.

La niña, la más sonriente del grupo y la más llorona cuando perdía, a estos el destino los llevó a la misma escuela de pantalones de seda, siempre peleando hasta por una moneda.

La adolescencia les llegó un día y con ella su gran amor, envolviéndoles de sueños y alegrías, sus metas en falso tampoco fueron en el transcurso de los días.

De rojo pintaron las sábanas, y algunos corazones de color marrón en el colchón lucían, el tiempo no se hizo esperar para la fertilización, y así esperaron con ansias la reproducción.

Hoy un par de gemelitas en la escuela juegan, Julieta y María gozan de la escuela todavía, pero aún están solteras este par de divas.

Las historias tienen sus dueños y con ellas sus sueños, aprendamos de los niños su amor y aprender a vivir la vida sin dolor.

## 85- A NIVEL DE GALAXIAS

En las alas de un águila tatué mi nombre, y mis sentimientos los guardé en el corazón de un león, quizás con la idea de cambiar mi carácter, y endurecer como roca mi corazón.

En cada paso que doy, lo hago con la esperanza de un nuevo amanecer, y un despertar diferente, poco a poco liberándome de ataduras, las cuales se aprovechan de mi bondad.

Veo a mi alrededor, y lo único que veo, son cuadros manchados de colores adversos a lo que yo dibujaba.

Grande era el cielo en esos días de fantasía, pero solamente era una agonía que se escondía, la córnea de mis ojos era gris e ingenua, con tus sonrisas en maquilladas.

Fecunda fue mi suerte en ese momento, cristalina la realidad, colapsadas sus maldades en su buen momento.

Los recuerdos los esculpiré en rocas, y así recuerde nunca regresar al desierto de tu vida irónica.

## 86- APAGÓN Y LUZ DE UN CORAZÓN

La vela aún está encendida, la llama culminará en su momento, el tiempo se aproxima, la felicidad será mi fiel compañía.

Ya se escuchan las bisagras de un ciclo sonar, el capítulo con el viento cierra sus hojas.

Los ruidos van por una familia contagiándolas con su final, unos bailan de alegría, mientras otros lloran de tristezas.

Un lucero tierno ignora dónde brillará en su futuro, los ángeles viajarán a todas partes, siguiendo esa luz que viajará a cualquier lugar.

Un poeta se alista para poner el lucero en un lugar de la primera fila de un corazón.

Los dedos de un escritor adicto a escribir versos en rima se contentan al ver el avance de la proximidad de la cumbre del amor, y así poder cortar la más bella flor.

El perfume de sus pétalos me arrastra y me atrapa en los ruedos de sus faldas, me sonroja la cara de ver la belleza de mi placer, en la más bella mujer de mi querer, para siempre viviremos contentos, llenándonos de amor y placer.

## 87- EL TIEMPO

El tiempo es abstracto si lo ves de perfil, es asimétrico si lo ves de frente, la vida suele no comprenderse en tiempos de tragedias, mucho peor si esperas que las resignación caiga de la nada, pueden pensar a su manera, y la vida les dará la experiencia, el abrigo a sus pensamientos fríos será la comprensión, la angustia es el motivo de una realidad absoluta, la paz viene en el momento de callar la verdad, la libertad viaja por las personas afortunadas, mientras que el que vive en encarcelado en sus propios pensamientos, cierra la puerta a la experiencia.

## 88- SOLEDAD AMIGA

He conversado con la soledad, y conmigo se comportó como una gran amiga, me tomó de su mano y me dijo: no temas de mí, hay cosas peores por las que debieras temer, antes del amanecer yo me puedo ir, dejándote solo, tal vez extrañándome, y recordando la paz que te brindaba, nunca olvides que las compañías no todas traen alegrías, hoy tu me rechazas, pues seguro mañana me pierda con alguien que me necesite, mañana extrañándome estarás, y tal vez ya seas un reo del amor.

Soy tu amiga y no tu enemiga, yo no castigo, ni te provoco llanto, a veces soy fría, pero siempre me muestro sincera, cuídate de algunas alegrías, de esas primas de la hipocresía.

Marcha conmigo de mi mano, y suéltame cuando la realidad tengas a tu lado, o alguien que te ame, entonces, ese día, con un beso despídeme a otros brazos que de mí necesiten, gracias me darás y por siempre me recordarás.

## 89- ALCOHOLISMO...

El espíritu de mi cuerpo, hoy se muestra triste y avergonzado, he caído en el precipicio donde antes estuve, hoy me sigo ahogando en su líquido transparente, en este pozo profundo y liso para escalar, la lengua juzga sin medida, teniendo la mayor parte de la razón, aun así, las lenguas crueles actúan como les da la gana, sin saber la pena navegante en mi existencia.

La depresión se levantó de la tumba para abrazar mi corazón, la fe con la que actué ya una vez, me levantará de este pozo de agua asesina que ahoga mi sangre sin medida.

Mis sentidos enloquecen este mal, me aluden los presentes, y el pasado me ignora, los que una vez les di mi mano y el pan, y con mi boca la promesa, se alejaron al verme derrotado.

Mi fe y esperanza aún son mis armas para derrotar cualquier mal que a mi vida llegare, de este pozo de agua ardiente saldré, como ya lo hice una vez.

## 90- ORQUÍDEA O FLORIPONDIO.

Mis ganas de vivir, se reflejan en una flor tierna alucinógena, y aún sabiendo mi hábitat verdadero, la flor gruesa y pálida es mi verdadero refugio.

Esa que me dio a tomar de los días más dulces, tomé por muchos años la dulzura de sus pétalos, me entregó los colores más vistosos de sus tiernos tiempos.

Me enternecía en cada una de sus sonrisas, en cada mirada me refugiaba, en aquellos días de su juventud.

Hoy estoy convencido, de la postura traicionera de mi corazón, pero mis deseos carnales cada vez me dan casi por derrotado.

Mi cuerpo débil se encuentra, ante los colores tiernos del capullo, veo a mi lado, y lo que tengo es compasión, y mucho amor acicalado por los años a su lado.

Me encuentro, entre el filo de una rosa, y los pétalos marchitos de mi amada esposa.

La sabiduría, se me pierde entre el deseo carnal de mi vejez, el subconsciente me ata al verdadero hábitat.

Perder todo un jardín por un solo capullo, eso no me dará orgullo, mas mi tentación en este sádico corazón, ya no le importa la traición.

¿Sabiduría dónde te escondes? Decisión, no me traiciones en el momento de la verdad.

## 91- LO OCULTO

Las preguntas de los ateos por resolverse, los millonarios guardan en la lista de ausentes a los que mueren de hambre y de frío, la perfecta cuartada para el que viene de lo oculto.

Las enfermedades sin cura y con la ciencia en las manos, otro truco aguardando para el momento del anunciado que traerá la paz, la sanidad, y la felicidad del hombre que no lee.

El orgulloso y vanidoso ya estará feliz en su propio gozo, aquel despiadado que dio muerte al hombre humilde sin suerte, la carpintería no cabía en sus filosofías.

Al niño invalido se acerca su caminar, al pobre abundará el pan en su mesa, ignorando la factura por la escrita promesa, la angustia del justo se aproxima, como mentiroso lo arrojarán al pozo.

Los hechos hablarán ese día, cuando la pobreza desaparezca de África, los hospitales se quedarán sin habitantes antes del día del fuego.

Todo eso será el preciso sello del pasaporte diplomático del que vendrá de lo oculto.

## 92- DE VERDE MI ACTITUD

Pintaré de verde mi actitud, para ver al fin mis cosechas, las acuarelas rojas usaré para atraer el amor perdido entre lo negro del tiempo.

Cargaré los canastos de frutos dulces, y los repartiré al amargado y al hambriento.

También colorearé los vacíos interiores de la dama olvidada, con colores para que no pase el ignoro sobre su cara.

Repartiré el pistacho al niño abandonado, regresaré algo de su alegría en este día.

Al anciano, lo abrigaremos contra el frío y los fuertes vientos.

A la viuda, daré el consejo que necesita. Trataré de hacer todo lo que he escrito en esta lista, también haré el bien sin pesar en el peso de mi bolsillo.

## 93- CORAZÓN ESCLAVO

Yo no culpo al corazón enamorado, porque después de mucho tiempo se vuelve como el hombre esclavo, en su lucha de libertad con el fin de lograr de desencadenarse y después no tiene a dónde ir, mucho menos encontrarle un sentido a su libertad, se ata a un pasado de sufrimiento, se libera de las ataduras metálicas, pero nunca más se libera de las cadenas del corazón que lo atan a su amo, ya al encontrar la felicidad que buscaba se vuelve tensa y deprimida. Mirando hacia atrás viven sus pensamientos, lamiendo las huellas por donde suele caminar su amo, extrañando el látigo aunque lo lastimara. ¿A dónde irá el corazón esclavo? Si las marcas de sus cadenas las lleva siempre prendidas a sus recuerdos, el amo ganó el tiempo con los castigos, mientras que el esclavo se adaptó al látigo y sus desprecios, por eso digo, ¿a dónde ira el corazón enamorado?

## 94- PEREGRINA EN MIS SUEÑOS

Una mujer, de vez en cuando aparece, y de vez en cuando me enternece mientras duermo.

En mis sueños veo una luz envuelta en sus cabellos, también alcanzó a ver como se desliza hasta caer sin destruirse.

Algunos gritan de tanta lujuria en sus mentes candentes, la belleza que traza las líneas de su figura se asemeja a una diosa, y el perfil a una luz de neón, colores de tonos grises de vez en cuando la esconden como especie de celos.

Melodías armónicas bañan su cuerpo esbelto, de pronto aparecen ángeles a su alrededor, dando testimonio de su infinita pureza.

No son simplemente ánimas, son aparentemente, algunas musas vírgenes que se fueron a disfrutar de las estrellas, en el camino de su regreso se perdieron, y aún posan de la mano de su orgullosa candidez.

En el fondo puedo apreciar el océano azul, y una cinta de precisión, donde seres humanos no pueden traspasar, el silencio es suave y frío, tampoco tiene prisa la noche en ese lugar.

En intervalos constantes se crean otras criaturas con bellezas similares a la primera, pero estas veneran siempre a la princesa.

Sus enfáticas y tiernas miradas, hacen de mis sueños la fluidez de la noche en tiempos de grandes tribulaciones.

Espontáneamente cambia los semblantes, pero en cada uno de sus cambios, son como rosas de diferentes colores penetrantes en cualquier vista humana.

Al despertar se canceló toda posibilidad de seguir descubriendo lo que nos quería decir aquel ser sumergido en el firmamento.

## 95- LA LUZ ME LLAMA

Una luz me llama desde la materia oscura del universo, y yo aquí, postrado en esta cama, llantos a la orilla escucho, me abrazan y me atan, olvidan mi dolor y mi sufrimiento, piensan entre ellos, mas el sufrimiento me empuja a mi largo viaje, mi boca se ha vuelto inmóvil, y mi cuerpo se ha frisado, en mi pensamiento grito palabras mudas a esa luz bella que me llama, me da paz y me da consuelo, las lágrimas ya no ayudan en este momento, ni el empeño por verme como antes era, ya todo pasó, el resto solo será historia que vivirá en sus memorias, solo suéltenme que esa luz bella que me ama, me llama.

## 96- MUJER DE HIELO

Los vientos chubascos, sus brisas ligeras arrastran mi cuerpo por las colinas de tus encantos, hacen que me pierda en las brumas de tus miradas, montaña oscura que me torturas, besas mi corazón y lo contagias de frialdad, inmóvil quedan mis sentimientos, neblinas mojando mis párpados y mis pupilas, tratando estoy de encontrar hojas para secar el agua que vierten mis ojos por el ,sufrimiento, montaña oscura que azota con gran poder todo lo que arrastra a su paso, apenas gotas de sol para morir poco a poco, lentamente en tus fríos arroyos de hielo, a gran escala son tus cálculos de naturaleza, para atrapar las presas que por tus cordilleras pasan.

## 97- ANITA

Anita, Anita, la tarde está bella, hoy quiero ver correr la alegría en tu carita de doncella. Anita, mira el horizonte, te llama la felicidad, el viento sopla a tu favor, el verde de las montañas listo para embellecer, las nuevas siluetas de aves en vuelo, y el alba se avecina para despertar en una nueva sonrisa, corre la distancia que te hace falta para encontrar el amor que has soñado, quítate los zapatos para silenciar la llegada a mis brazos. Anita, las flores estarán a tus pies para perfumarlos con esencias de lirios, los besos en el altar se calientan de esperar con ansias de amor, las arras sudan de emoción, saben que la tarde llegó a tiempo para adorar a tan bella flor. Anita, hoy será la fiesta más grande del universo, Anita, hoy eres tú la dueña de mis versos.

## 98- LA EXTENSIÓN DE TUS PALABRAS

La extensión de tus palabras en mi alma dejas marcadas, palabras sin prejuicios que ofenden al corazón y matan mis deseos de vivir en tus recuerdos, antes deslumbrabas como si fueras un mar de oro, hoy solo quedan rastros de sal en mis ojos. Mis sentimientos frágiles continuaron por su camino, sin rumbo y sin esperanza, sangrando desesperadamente fui poco a poco avanzando hasta salir a flote, así fue pasando el tiempo hasta borrar huellas de amor. Pero aun así con el corazón salvado de las heridas del pasado, tentadores recuerdos invaden mi mente en tratar de revivir tus recuerdos. En tiempos fríos mi cuerpo frío reclama el calor de tu cuerpo, solo me acompaña a mi lado el espacio vacío de tu cuerpo, aun así, tus hirientes palabras te alejan más y más de mi mente, quisiera tener la certeza que te pierdas en otros brazos, y que las palabras que tu corazón reciba, sean palabras bellas para tu vida.

## 99- MI VISIÓN

La multiplicada tendencia de mi desarrollo está en la neutralización de mi emoción en cuanto a mi vida se refiere, sin esperar resultados de viejos temas desgastados en relación al tiempo pasado me impulsa un futuro lleno de promesas que a mi autoestima llenan para viajar por el pasar del tiempo, pintorescas razones poco comunes a la de los demás, proyecciones inmunes a una realidad absoluta que mi mente disfruta, sin detenerme a un vinculado tema de negatividad, estaré en un lugar donde existan las más brillantes ilusiones, y que a mi mente empapen de amor, fulgor y audacia.

## 100- EL MAÑANA GRIS

¿Qué será del mañana que se aproxima? ¿Traerá la vida o cargará la muerte? Desdichado el que se marchare y no goce de lo bonito de esta vida, al prójimo debemos el perdón por los errores que hemos cometido con ira y rechazo, mal genio que nos acompaña donde quiera que vayamos, maldita imprudencia que corre a gran velocidad sin esperar el momento justo, nuestro lenguaje se vuelve torpe y rudo, rencillas ridículas. Mejor estar atento del mañana alegre o de llanto, el mañana placentero o tal vez traicionero, los momentos buenos guardaremos en el cofre de los recuerdos, y los malos los pondremos bajo los rayos ardientes del sol.

## 101- NUBES PASAJERAS

Como nubes pasajeras viajando de un océano a otro, así son los amores sin fundamentos, aun así viven en nuestros pensamientos. Pensar en lo que no fue, no es, ni será, es solo un obstáculo a negarnos la felicidad de grandes amaneceres en nuestras vidas, como espuma subiendo y de pronto desapareciendo, como si fuera el último suspiro de nuestras vidas.

## 102- ARREPENTIMIENTO

Dime Dios mío, ¿cómo puedo yo volver a vivir en los días felices, si hoy no está aquí la mujer de mi vida? Sus reclamos se alejaron de mi existencia, sus carcajadas a todo pulmón cuando un chiste le contaba, sus necedades ya no están aquí para enojarme, extraño sus llamadas telefónicas cuando desde mi carro discutíamos, grito al cielo con voz de llanto y tú no respondes, permiso no te da mi dios, como forma de castigo porque nunca supe amarte como te lo merecías. Noches vacías, el espacio de mi cama frío y vacío, el grito "mamá, mamá" de mis hijos desapareció. Hombre afortunado que aún vives con tu mujer, te suplico que no ignores el futuro que se llevará todo orgullo, a cambio solo nos deja cicatrices y arrepentimientos tardíos, en esto no puedo ni relatar ni una milésima de lo que por dentro siento, si las palabras pudieran explicar este sentimiento, entonces mis penas mitigarían aunque sea un poco mi llanto, mucho dolor ha quedado en mi corazón, y el llanto es peor cuando recuerdo que el tiempo no dio para alcanzar oír de tu boca un perdón envuelto en un beso, espero algún día encontrarnos en algún paraíso, mi bella y recordada flor.

## 103- EL ABUELO

¿Dónde está el abuelo con su sonrisa de niño y su alma dulce?

No contesten por favor, no quiero escuchar la respuesta que traspasa mis sentimientos, como flecha empapada de limón la siento en mi corazón.

En festejos como este mi pobre alma entristece, quiero hacer la misma pregunta siempre.

No quiero a nadie que me conteste ¿dónde está el abuelo, con su sonrisa de niño y su alma dulce?

Hacer la misma pregunta me llena de fantasías y esperanzas.

Dejemos la imaginación que viva en nuestro corazón, que el abuelo todavía vive, y pensemos que el abuelo se esconde en algún rincón de nuestro corazón.

## 104- POESÍA

El magín de un poeta se ha olvidado de él mismo, y ha procreado la poesía que da alegría y apaga la tristeza, calma el fuego y los tornados. Claro es el beneficio en cada vida, el niño risueño conquista la ternura y calma el dolor, fruta fresca azucarada llega en son de compañía a tu almohada, mientras se acerca el sueño profundo, la poesía espanta la soledad y destruye todo enojo, pinta de blanco las rayas negras marcadas en tu vida, regalo hermoso hoy puse en tus manos.

## 105- MAREMOTO DE AMOR

En el momento que mis ojos conocieron tu rostro, no son más que tejados en temporada de lluvias, mareas altas en mi cabeza, suben los torrentes sanguíneos a modo sobrenatural.

Maremotos en mi corazón, tiembla mi sentir cuando en tus abrazos pienso todos los días, mi boca se ha convertido en desierto, pide a gritos tus humectantes besos, antídoto eres tú para mi vida, la sal de tu sudor me daba el sabor todos los días, tus besos de fruta fresca me confundían, pero me daban lo divino, cuánta era nuestra locura mezclada con un mundo gris e incierto, cuánta belleza sería en la realeza, la perfección viaja sola en vuelo expreso, lo falso camina a diario a base de tropiezo.

## 106- AMOR GALÁCTICO

En el trono de mis locuras subo a mi reina, viajamos por cada una de las galaxias, los planetas del universo son nuestros nidos de amor, en la nave de la ilusión recorremos a gran velocidad la opulencia de nuestros sueños. El combustible de nuestra nave es el sudor de nuestra transpiración, nos perdemos en el tiempo de la ilusión, los espectaculares ruidos recurrentes son los susurros de placeres ardientes, ruge la adrenalina cuando tus maullidos de gata en celo provocan mis desvelos.

Fantasía en abundancia se apoderó de este loco sentimiento, parecido a cuando las nubes se apoderan del agua de los océanos, robándole poco a poco el agua salada, hasta volverse oscuras y lentas a su regreso.

## 107- LA MENTIRA

La mentira es un avión sin control e inseguro, la mentira es un rollo de cabuya sin principios ni final a falta de juicio. Es bordón de un cojo de la cabeza, es la mentira lumbre momentánea, luz de engaños, fácil se apaga con los años.

Es un mundo de fantasías, te lleva por la vida sin rumbo y sin medidas, cada vez en los caminares de la vida más se pierde en los sentidos, gritos en silencio da el afectado por este mal cancerígeno.

Gritos dan los que la lucen como corbata bella y vistosa, pero cada vez más los ahorca.

Te juzga el de a lado, despiadado no comprende lo heredado, la fe es lo único bueno para cambiar el rumbo.

Los dedos me apuntan, y mi vergüenza juntan, más se teje este hilo enredado, maldición y condena fue lo que me arrastró a esta pena.

## 108- HALCÓN

Soy un simple halcón, estaré volando bajo el cielo para siempre, y tu cielo verá para siempre la virtud de mis alas toda una vida entera, y si hay otra vida, que sea con más amor.

## 109- CORAZÓN AZUL

Pintaré mi corazón de azul intenso, y el rojo será no más que un recuerdo en el silencio, cambiaré mi sangre roja por un color celeste cielo, este se ve, pero no se toca.

La cumbre del amor alzaré a lo más alto del universo, allá que viva perdido entre los planetas, mis palabras las cambiaré por aguijones fríos de hielo, lo mismo pasará con mis lágrimas frisadas por los polos antárticos, daré por pan respuestas llenas de cariño, envueltas con énfasis de amor ardiente.

## 110- MEMORIA FRÍA

Memoria fría y calculadora, mis dudas empeoran cuando llegan tus maldades sin rumbo y juicio, pensamientos vanos sin peso ni razón, o la intrigas por pasar por buen ser humano, tiempos melancólicos derramas sobre nuestras vidas, desarrollándose como el gran gigante que se apodera en gran medida de nuestros sueños, el ego engañoso y preso en nuestro cuerpo, como si fuera el cuervo sin cántico bello y plumajes repudiables, insensato en decisiones, solo lo acompaña la negrura de su consistencia fría, su cabeza vuela como el pájaro que de noche alza sus alas y de día duerme.

## 111- OBSIDIANA

Cruzando una travesía para acortar el camino me encontraba, gran sorpresa me llevé, encontré a mi paso grandes escombros, entre ellos basuras mal olientes, olores alucinantes de toda clase, causaba trastornos aquella bajeza, como una maldición acechaba aquel lugar, todo era maldad, peligro y enfermedad, no sabía si regresar o seguir avanzando, un rayo de luz y sabiduría bajaba a mi cabeza de lo alto del cielo, y así tuve las fuerzas necesarias para continuar con mi camino, mucho asco me provocaba de ver tanta bajeza y peste de hongos por todas partes en aquel lugar, cuando de pronto una roca de obsidiana pura en mi trayectoria encontré, tenía medidas extremadamente sorprendentes, una joya, era toda una pieza de arte, perfectas medidas dimensionales, era perfecta su simetría para apreciarle de diferentes ángulos, toda una perfección hecha realidad, la observé hasta que mis emociones se me agotaron, me animé a tocarle y acariciarle, y pude escuchar sus pulsaciones todavía, vi dos luceros en su cara que brillaban como diamantes, me di cuenta del tesoro que estaba en mis manos, eran tan bellos como esmeraldas puras, sentí que mis ojos hechizaban, no niego que el temor invadía mis pensar profundo, sentí fuerte su torso y sus brazos lastimados, seguramente por los golpes de una vida entre penumbras, de su interior se podía percibir el brillo del oro más lindo del mundo, sin temor a equivocarme, la cargué por ese camino estrecho y espinoso, y no obstante el humo a hierba mala enrojecía mis ojos, niebla blanca por todos lados, pude llegar a mi destino, ya no con muchas fuerzas por cierto, a la sombra de mi hogar la llevé, también hubieron rechazos y envidia para aquella joya bella y pura, yo hoy me siento como un rey, que mi obsidiana embellece mi vida y de lujo hace mi hogar. Desde ese día a mi obsidiana pura con sutileza pulo.

## 112- A TI, MUJER

Mujer, no llores cuando estés triste, llora cuando estés contenta, no cantes cuando estés contenta, canta cuando estés triste. Me inclino a ver tus errores, pero también admiro ver tu estrella, porque con el hecho de que eres mujer ya eres la pieza más importante de este planeta, tú que pare s al jardinero para cosechar las rosas, tú que le diste la vida al poeta, con sus poesías alumbra los caminos de la realidad amarga de esta vida, nos pones en brazos los niños que nos dan el sentimiento blando y divino. Mujer, nunca veas tu pasado con mala mirada, míralo con ojos de experiencia marcada, pasa el tiempo y la esperanza, pero los sueños así se acercan, las huellas son el espejo para verse en ellas, en cada día y cada decisión. Mujer bella, tú que desde niños nos diste a beber de la leche de tus senos, hoy quiero ver tu alegría en esa carita, y así también me puedas cantar una melodía como tú sueles hacerlo en los nublados días.

## 113- TU RAZÓN

Si me dejaste con pretexto, no me busques de la misma forma, si buscabas en otro lo que yo no tenía, no entiendo tu agonía.

Vergüenza descarada, el orgullo lo perdiste con la angustia que merecías, tus gritos enmudecieron con la huida del hombre audaz y astuto.

Las piedras no se arrojan hacia arriba, ni se hace carbón de un trozo en el piso.

No sé el porqué de pedir perdón si decías que tenías la razón, tu lengua cada vez se hace más y más hipócrita, llora, llora en otros hombros, para mí ya no existe ningún asombro.

## 114- TU AMOR, MI MELODÍA

La melodía de una canción es la imagen tuya puesta en mi cabeza, el silencio de la noche es el sutil sueño de mi corazón enamorado, gritar quiero en el mañana venidero, que eres tú el único amor que yo quiero.

## 115- SI VOLVIERAS

Si volvieras a estar a mi lado, sería volver a nacer o quizás regresar a la adolescencia, es justo vivir como uno quiere, el tiempo y las circunstancias piensan de otra manera, me frustra continuar de esta forma que me conduce este camino, un camino solo y vacío, la distancia malvada y cruel se ensaña en mi vida, una vida en desperdicios, muchas veces en derroches amanesqueras entre mujeres de bar, tragos, y olor a tabaco, agria es la pena que mi vida abriga, pena que abriga los temores y contradicciones, cargo un bulto en mi espalda lleno de cosas sin valor, remordimientos. Tal vez un día no muy lejano puedan sonar los rumores de tu regreso, y puedas perdonar lo negro de mi pasado, y así puedas vivir por siempre a mi lado.

## 116- MIS PENSAMIENTOS

Todo lo de hoy luce a blanco y sabe a nada, el silencio cómplice de lo que pasa, la claridad observa con toque de burla, los pensamientos toman un café para continuar a ritmo de cafeína y observar la voz que está muda de espanto, la vieja opinión mejor duerme para no despertar a su vecina la calumnia, la mirada hace mala cara sin decir nada, la confusión no para de fumar cigarrillos, el orgullo como si nada pasa camina por los balcones con aires de grandeza. Pero todo queda otra vez en blanco y sabe a nada.

## 117- LOS LAMENTOS DEL BOSQUE

Las cuerdas de mi guitarra gritan el nombre del bosque que les dio la vida, mis dedos van acariciándolas al ritmo de su llanto.

A lo lejos se escucha el eco de una vieja cierra sin juicio ni compasión, en su existencia debe más crímenes que el número de granos de arena del desierto, ya perdió la cantidad incontable de crímenes, pero su sonido es mudo ante la ambición, y se pierde en el silencio de la montaña, la humildad del hombre sin voz, ha dejado amargura en la cara de los niños, ha borrado la sonrisa de la lluvia, cansada la fauna de alejarse del lugar que las vio nacer, cada vez más es el sufrimiento, se escuchan con furia los sollozos de un sol ardiente sin compasión, la luna vive temblando de miedo y nostalgia.

Una joven laguna suda de nervios, desvaneciéndose entre sudor y nostalgia, el silencio cobarde y cómplice sigue siendo amigo del depredador maligno para nuestra respiración.

## 118- GOTAS DE MIEL A LA AMARGURA

La miel, la única de apaciguar el ácido del limón fuerte y cortante.

Análoga es mi mujer, con sus toques de amor calma mi carácter, amo aquella que en mis oídos susurra y suavemente me dice te amo, y me abraza con amplia ternura, mi temperamento baja con su astucia y calor, perdón le pido cuando reaccionó después de dos a tres suspiros, ella calma mi estrés con su plena pasión, su inteligencia y amor, se ganó mi amor y mi atención, esa que mitiga mis enojos con una esquirla de amor y lujuria, ella limpia mis lágrimas en mis tormentos, de esa misma te cuento, esa es la razón para estar contento.

## 119- SENTIMIENTOS OCULTOS

Siento en tus labios lo denso de tus besos, tus pezones adormecidos y sin sabor, tu cuello a distancia como polo opuesto al mío, haciendo mis penas más grandes todavía, noches de trastornos en nuestras vidas, nuestra fisionomía parece ser más abstracta cada día, con gritos al cielo imploro: "ilumine la realidad de esta hipocresía", una realidad encerrada en cuatro paredes, y un silencio en la habitación que absorbe el rencor acicalado, testigos mudos como los objetos en nuestra recámara, hasta en tus ronquidos escucho el no te quiero, y mi ojeras me delatan por las mañanas.

Me pregunto con verdadero repudio, cuál será el día en que mis pantalones retomen el carácter fuerte y rudo, y poder dar por clausurada esta cruel guerra fría.

## 120- MUJER DE CARICIAS MUDAS

Mujer de treinta pesos, te dice la gente cuando la depravación caliente al hombre solo.

Mujer de treinta pesos, calmas la sed, al que pone un peso en tu mano, te rechazan cuando sus deseos han saciado, mujer de treinta pesos, la acompaña solo la cartera, disimula como cualquier dama sin complejos, la mujer de los treinta pesos, sabe que no debe delatar con su mirada sus comportamientos, cambia ante el vecindario su carácter, la pobre dama de unos cuantos pesos.

Vacía va por dentro, se ve al espejo, se pone su barato maquillaje y vuelve a buscar su cartera para guardar unos cuantos pesos, abre la puerta, alza el pecho y sale a la calle, y regresa por más dinero, la mujer de las treinta caricias mudas.

## 121- CORRECCIÓN

Regresa plus de mi vida, perdóname porque de esa forma es que te sentía, claros quedaron mis sentimientos en este tiempo.

Vuelve corazón y dame tu perdón, porque yo a ti te doy la razón.

Extraño los improvisados escapes de mi trabajo para verte cada jueves, vida mía.

Ya la burbuja del Messenger desapareció, ya no sale una hora antes de tu salida.

Vuelve corazón y dame tu perdón.

Si regresas a mi vida, de lugar te cambiaría, ya no serías un plus, serías mi luz, vida mía. Déjame brindarte mi amor, y hacer en este capítulo una auto-corrección a este corazón ahora que te dedico esta canción.

Regresa pronto y déjame buscarle una solución a nuestra relación.

Regresa pronto corazón.

## 122- ENGAÑO ADOLESCENTE

La adolescencia es la ausencia de madurez, con rostro tierno y mirada dulce.

Vive la maravilla de tus primaverales años, sobre todo libérate de todo engaño.

Llegará el necio con sus palabras ágiles llenas de engaño para hacerte daño.

No permitas que la cizaña te termine ahorcado.

No te alejes de tus metas y tus sueños, anciano serás al paso del tiempo, procura hacer el bien y no mueras de lamentos tardíos.

La maldad y la desgracia viven cuando se apagan los buenos pensamientos.

## 123- AURORAS, EN UNA ETERNIDAD

Un puñado de auroras iluminan más que el contraste de una eternidad, la eternidad compleja, y las auroras te muestran el presente cierto.

Una eternidad apenas llena de reflejos confusos, aguarda la calma observando la luz de alguna convicción.

La eternidad comerá mi carne, aun así se percibe engañosa y con sus constantes sorpresas, unas buenas y otras malas, pero todas hay que vivirlas con el mayor sentido del humor.

Lo irónico no llena mi vista ni mi sereno juicio, a estos se suman los extremistas sin cálculos en el tiempo, cada persona vive según su cabeza y las circunstancias, ya los sabores escogieron sus catadores y las visiones sus ojos.

## 124- LO ATERRADOR

Mientras dormía, y apenas un dormir liviano, escuché ecos repetitivos, miradas de fuego, algo fuera de la imaginación humana, un mal sin explicación, llantos muy por debajo de la tierra, pero en el mismo sentido donde nace el sol, se escuchaba una voz de aliento diciendo "no decaigas, tampoco des por rotas tus alas, viaja hacia arriba en el momento profético, y deja de prestarle juicio a lo malo y confuso", pero multitudes seguían prestando sus oídos a imaginaciones extrañas y depravantes, también ruidos de terror se presentaban en el mismo instante, se puede decir que todo aquello era un circuito cerrado, la vigilancia era noche y día, y años más años, estábamos vigilados todo el tiempo y a cada momento, sentía monitorear mi cuerpo por corrientes eléctricas malévolas, pero aparecía una luz como el brillo blanco de un diamante y desaparecía toda cosa del mal, después aconteció que el cielo se partía en dos, y muchos viajaban pero con un boleto sin regreso, vestían de blanco sus trajes de seda, los transportaba una luz, y alabanzas que daban paz y gozo se escuchaban, luego que eso pasó, todas las alucinaciones pronunciadas abajo de la tierra callaron, sabían que la tormenta de fuego se aproximaba, corriendo todos los que estaban aún en ese lugar, pedían perdón de rodillas, siempre en sentido de donde nace el sol, ya era inútil ya nadie escuchaba, nada se podía hacer en ese momento, lamentos se estrechaban con lamentos y lágrimas rojas caían en sus ropas, todo se volvió negro, aterrador, y bolas de fuego no paraban de caer parecido a un aguacero de estrellas, después en aquel lugar se podía respirar triunfo de justicia y libertad, después del humo mal oliente a carbón y azufre.

## 125- ASÍ PIENSAS

Así piensas, así me ves, tienes una cultura un poco complicada, una sensación agravante para querer las cosas, arremetes como si mi cuerpo lo ganaras en una apuesta de ajedrez, te coronas para jugar con mi vida, un poco inusual tus pensamientos, un poco de compromiso me somete a tu juego enfermizo, basta ver tu mirada para saber que vienes encendida, toda culpa de tu pasado quieres inyectar en mi vida, una cobardía desmedida para enfrentar tu pasado, falta de ganas para colectar la felicidad, me basta una maleta para emprender mi camino, la decisión me traiciona en su momento, y por las noches calientas mi sano juicio, y me olvido de toda atadura, será el tiempo que juzgue y traiga la costumbre, quiero vivir en una claridad plena para hablar los asuntos, pero tu nacionalismo me ahorca, una cultura de otro planeta es mi dueña, sin registro me hizo suyo, así de complicadas están las cosas, de esa manera es que ella me mira, y me acosa.

## 126- TE PIENSO

No mucho para presumir, mucho para lamentar, mis caricias se perdieron en el aroma de tu piel, la noche recuerda la sombra de los dos bajo la luna llena.

Un poco más de un siglo para tristezas, un mañana sin alegría nos espera con toda esta situación, la mirada de un oasis es la cruel imaginación, vivo remando en mis pensamientos, algo difícil para avanzar, la oscuridad pierde cada día mi destino, tus recuerdos nacen en cada lugar que vivimos juntos.

Nada para celebrar, nada porqué brindar.

En una ilusión se fue mi vida entera, una característica del tiempo dibujando de colores el amor, una gota de veneno para mis recuerdos.

Un poco menos sublime mi vida, en tiempos nostálgicos, mi vida se va deteriorando sin tu complemento.

Alguien por quien sufrir, alguien por quien llorar.

Pero me limitan los años en mi vida, han disminuido las luchas para conquistar ese tipo de amor, no logro luchar como antes solía hacerlo.

En los pequeños detalles me pierdo, algo que se me escapó de la poesía que yo componía en aquellos días.

Volvamos a ser lo que antes éramos, lo más hermoso en la reconciliación, es el fuego ardiente de nuestros cuerpos, y apagarlo con toda la lujuria guardada en nuestras hormonas.

## 127- ABUSADA

En la mirada de sus ojos reflejaba el odio interno como reo sin salida, voces salían de su boca con eufemismo sin control.

De la púrpura de su sucia lengua, la voz entusiasta del mal se escuchaban, tejía las ideas como telaraña en sus noches bipolares.

Voces con gran enormidad caían de la oscuridad de sus alucinaciones, los ruidos insolentes, y puntuales por las noches la asustaban.

Ella estaba inmóvil por las cadenas que ataban el enigma de su persona, sus uñas agudas y cortantes, llenas de bazofia con una esquirla de azufre. Su estaca amolaba con odio, para usarla con el pérfido que desgarró su candidez, para empujarla al camino de los recuerdos crueles de la vida.

## 128- BAYAHÍBE

Las fuertes fragancias de la linda flor de Bayahíbe, hasta mi tráquea perfumaron, convirtiéndome en adicto a sus perfumes, tienta mis pensamientos con su aroma, pero cuando más cerca me encuentro, alza su vuelo como la bella ave palmera, solo el trago besa mis labios ilusos de amor, y mis ojos borrachos de tentación no descansan al apreciar tan bella flor, mi piel se eriza cuando ve tu esplendorosa sonrisa, las palabras de un poeta me gustaría robar, para conquistar la princesa de este lugar, pero mis humildes palabras el viento se las lleva, estrechándolas como hojas secas para que se pierdan en la nada, cuando de esa alucinación regresa mi mente, solo está mi copa esperando para humedecer mis labios con sed, y la dama piel canela a metros de distancia, y yo terco no me canso a ver la frescura de su carita de ternura.

## 129- VÍSPERAS DE NAVIDAD SIN TI

El invierno se aproxima, y el árbol entristece por la nieve que dañará sus cabellos, en las tiendas ya se encuentra el juguete caro del niño del millonario, y también ya se está colectando el juguete barato del hijo del pobre y el abandonado.

Los adornos del árbol navideño se preparan para dar luz a la buena vibra, y al que llega de lejos a ver a su familia que incompleta se ve cada año.

Los versos de algunas canciones hacen presentes los sollozos perdidos en lágrimas, también el sentimiento perdido en la magia que nos da el amor.

Un mañana traerá consigo alegrías en el correr de los niños, a otros las lágrimas saladas que el irresponsable pondrá en sus miradas.

También traerá el llanto de la flora sensible, ante la presencia del hacha maligna.

En los días de Navidad donde los recuerdos quedan y las navidades no vuelven, se ponen al rojo vivo nuestros pensamientos.

Días lindos con decoraciones iluminadas, comeremos el muslo del pavo y la gallina, y recordaremos el que se fue y ya nunca volverá.

## 130- PERDÓN A MI MADRE

Madre mía, hoy mi corazón luce triste y desconsolado, hoy implora el perdón por los muchos errores del pasado a tu lado, muchas equivocaciones de la mano de las decisiones.

La malcriadez que mi vida ha cargado, como la marca del látigo que lleva el esclavo a plena luz del día, visto por el que no carga esas ataduras de la condena.

En este lluvioso día, quisiera que esas gotas claras y frías, limpien el alma mía, madre hermosa, como los más finos pétalos de rosas.

Has entregado el alma al sufrimiento por cada uno de tus hijos, un granito de sustento, mil veces pondría mis rodillas sobre el polvo ardiente para alcanzar el perdón del alma tuya.

Bien aventurado el que aún tiene ese rayo de luz en vida, desventurado el que ya no la tiene a su lado, solo le queda abrazar los recuerdos con alegría todos los días.

Madre de consuelo y admiración, hoy desde el fondo de mis entrañas te pido perdón, hoy se derriten por dentro mis sentimientos.

Clemencia hoy pido al cielo para que escuche todos mis ruegos, y para ti madre linda, que siempre estés presente en mis desvelos y muchos años te deje mi Dios vivir a mi lado.

## 131- LA VERDAD Y EL AMOR

Las rosas hablan sin mover sus labios, cualquier ignoro golpea más que un búfalo.

Los sentimientos mueren con el maltrato de cada palabra, cada quien elige su propio destino.

Los caminos son espinosos si olvidas de tu calzado, tu corazón es herido si no usas escudo como un buen soldado.

Los cupidos no todos son justos al disparar sus flechas, unas las fabrican de un sabor dulce, y otras de amargo veneno.

Vida justa es vivir abrazado a la verdad, las fantasías no todas son alegrías, la verdad le duele al ciego por su ego.

## 132- MADRE Y PADRE

El desgaste de tu mirada, la carga en tu espalda, y bajas la cabeza de tristeza.

Mujer de luz y esperanza, tus pasos lentos se mueven al caminar por debajo de la pobreza.

Mi admiración es verte rascar el suelo con las uñas, cruzar los caminos perversos y morir apegada a la sombra de tu destino.

Cruel el polvo que seca tus lágrimas y borra tu sonrisa, sumándose la tormenta para azotar la tranquilidad de tus sueños.

Mujer leal, madre de lienzos finos para soportar los caminos, cautelosa actúa con la semilla que germina por dentro.

El salir día con día ya es suficiente, para regresar con las manos llenas la mujer sola, madre y padre se convierte.

Sus andares han perdido sus reflejos, sufrimiento lleva al ver que ya paga facturas, a lo largo un degenerado de ella se ha burlado.

La belleza desaparece, cuánta hermosura perdida en el cuidado de sus criaturas, se va convirtiendo en anciana, la madre de la enfermera y el doctor.

Su habilidad de estirar el dinero como acordeón es todavía una condición.

El sol calienta su espalda más cada día, y la luna que la enfría menos al anochecer, gritos de ternura suplica todos los días una hermosura.

## 133- GOTA DE AMOR

Una gota de agua constante golpea más que un león, yo sueño con un amor justo, pienso que no sería un sentir cabal si al final termina entre llamas de traición.

Yo imagino la constancia de golpes en un sentir vulnerable, sería en forma hostil para mí este sentimiento.

Yo desearía, ilusionar ligado a tu presencia, dar mis pasos sobre agua, también nadar sobre tu amor en crepúsculos de amaneceres.

La gloria atrapar con mis brazos, atar tus sonrisas con mis miradas, navegar en los mares de tu alma, dejarme caer en las cascadas de tus encantos.

También tener presente el cuidado de un jardín y no perder su hermosura, regarlo con mis gotas de sangre roja y pura, en cada amanecer me llene de fragancias la piel.

Presumir por perderme en los pastos de tus cabellos, y gozarme del rímel de tus labios, todo eso quiero contigo, y también los detalles que traiga los lúmenes de la luna, quiero atrapar para siempre tu amor con mis llamas consumidoras de amor ardiente, y seas mía para siempre.

## 134- LA EMOCIÓN DE MIS OJOS

La emoción de mis ojos, fue ver tu cuerpo, ver la suavidad de tu piel, mucho mejor el movimiento de tus caderas.

La cadencia de mis palabras estaba muy constante, el nervio abate mi voz al ver la postura en que me ves, tal vez muy pobre mi opinión.

Pero tengo ganas de verte otra vez, quizá cambies esa actitud.

Tú vas fluida volando sobre mí, y yo apenas con mis alas rotas volando al revés.

De la expresión de tu cuerpo se prendió mi deseo, la cualidad de mujer despertó mi interés.

El tiempo pasa y yo aquí sin verte otra vez, regresa de tu alto vuelo, y mira un poco hacia el suelo.

De amor estoy muriendo en estos momentos, de la pasión repentina viven mis recuerdos.

Sopla el viento al revés, aún yo peor con alas rotas, dame un poco de tu querer cruel mujer.

Me voy desgastando de tanto esperarte, y mucho es el tiempo que tengo para amarte.

De la altura de tu rango más me he enamorado, de mi ignorancia tú te vas burlando.

Quiero ver nuevamente la expresión de tu piel, verte a mi nivel, arrastrarme hasta desbastar esta ansiedad de besar tu cuerpo, aunque sea una vez.

Llámame con el tono de tu piel, no improvises de nuevo otra vez, quiero mi pasado borrarlo a tu lado.

La mirada y aquel hola vive vivo en mis recuerdos, también el verme con la claridad de tus ojos.

## 135- MAL INVISIBLE

La ciudad ha perdido la sonoridad, las lluvias trajeron algo anormal, no se puede precisar lo que es con exactitud, un silencio total apareció después de los aguaceros, se escuchan sirenas por las calles, una que otra persona se ve asustada y el rostro detrás de telas de seda, la fonética de los pájaros brilla más que nunca, las aguas de las playas por fin alcanzaron el azul del cielo, la madera vieja se desploma con el mal, mal procedente de otro horizonte, quizá la productividad vendrá a caer en los bolsillos de los mismos, los llantos encerrados sin poderse escuchar, salen muchos a buscar la cura pero ya nunca más vuelven, se los lleva el silencio a otro lugar, no hay cómo vengarse del bicho invisible, tampoco correr a otros pastos, inevitable el no sentir ese vacío extraño, ni como saber del que se va y no regresa, van por la noche a buscar como roedores sus alimentos, rogando se les escucha a lo largo al creador, que regresen los días normales.

## 136- MI CAMINAR

Prefiero caminar sobre las rocas, a intentar caminar sobre la espuma, llegar a mi destino, y no ser derrotado en el camino.

www.ingramcontent.com/pod-product-compliance
Lightning Source LLC
LaVergne TN
LVHW091554060526
838200LV00036B/837